강화 돈대

돌에 새긴 변경의 역사

강화
돈대

글·사진 이상엽

돌 에 새 긴 변 경 의 역 사

교유서가

차례

서문

강화 돈대에서 바라본 역사적 풍경

돈대墩臺는 늘 그곳에 있었지만 정작 제대로 대면하려니 조금 낯설다. 돈대는 처음 설치될 때부터 그 목적이 불분명했고, 병인양요, 신미양요, 운요호사건 등 세상에 그 모습을 드러낼 때는 비극적이었다. 이 사건들은 조선의 흑역사로 그 흔한 드라마나 영화에도 등장하지 못했다. 조선이 철저하게 유린당한 역사였기 때문이다. 그래서 돈대는 돌아다니던 1년 내내 '다크 투어리즘dark tourism'의 대상이었다. 다크 투어리즘은 인류의 비극적인 역사의 현장이나 재난 또는 재해가 일어났던 장소를 돌아보는 여행을 뜻한다. 이 여행은 휴양이나 관광 목적의 일반 여행과는 달리 폭력적인 죽음을 보다 분명히 인식하기 위한 것으로 배움의 수단이 되기도 한다. 이러한 여행은 오래전부터 존재했으나 그 개념은 비교적 최근인 1996년 글래스고칼레도니언대학의 교수 존 레넌John Lennon과 맬컴 폴리Malcolm Foley에 의해 처음 사용되었다. 연구자들은 죽음이나 재해와 관련된 여행지나 전시展示를 분석하고 있다. 우리로 치면 제주 4.3사건이 그러한 예이다. 강화도 돈대 역시 근대 개방 과정에서 프랑스, 미국, 일본에 의해 전쟁과 학살이 자행된 곳으로 역사는 그것을 드러내지 못한 채 은폐되어왔던 것이 사실이다. 그렇다면 돈대란 과연 무엇인가?

강화도 돈대는 조선 숙종 때 52개소가 설치되었다. 그 형태는 돌을 원형이나 장방형으로 쌓아 곳곳에 포좌를 설치하고 위에는 낮은 성가퀴가 조성되어 있다. 쉽게 돌로 만든 작은 성채를 떠올리면 된다. 이는 병자호란 이후 강화도가 '보장처(전란 때 임금과 조정이 대피하는 곳)'로서 그 중요성이 더욱 부각되었고, 이에 따라 방어시설을 확충해 1679년에 이르러서는 강화도 해안을 따라 돈대를 축조해 섬 전체를 요새화하는 5진·7보·52돈대가 완성되었다. 영조 때 작성돈대鵲城墩臺를 건설했고, 고종 때 용두돈대龍頭墩臺가 추가되었다. 총 54돈대이다. 작은 규모의 성곽 형태를 갖춘 군사시설인 돈대는 상급 부대인 진이나 보에 소속되었다. 진이나 보의 책임자는 그 부대의 규모에 따라 첨사(종3품 무관직), 만호(종4품 무관직), 별장(종9품) 등이 파견되어 부대를 지휘했으며, 각각의 진과 보에는 3개에서 6개의 돈대가 소속되었다. 특히 염하(鹽河, 강화해협) 쪽으로 건설한 돈대는 외성과 함께 어우러져 장성을 이루었다.

돈대가 축조된 당시 동아시아는 17세기 중반에서 19세기 중반까지 약 200년 동안 유례없는 평화를 누렸다. 1681년 강희제가 오삼계의 난을 진압함으로써 청나라는 중원을 완전히 장악하게 되었다. 조선은 병자호란 이후 효종 시기에 어수선했던 국제 정세를 정리하고 1674년 즉위한 숙종 때 안정기로 접어들었다. 일본은 1651년 쇼군의 자리에 오른 도쿠가와막부의 4대 쇼군인 도쿠가와 이에쓰나德川家綱

에 의해 막번체제가 완성되면서 국내외로 평화가 찾아왔다. 하지만 이 평화의 시기는 매우 모순적이고 이율배반적인 생각과 행동이 공존하는 시기였다. 지배권력은 보수적인 안정을 원했고 민중은 새로운 권리와 삶을 희구했다. 청나라는 강희제 때 실시한 팽창정책이 어느 정도 성과를 거둔 뒤 한족의 관료제를 도입하면서 만주팔기로서의 활력을 잃었다. 조선의 왕과 사대부들은 성리학을 최고의 이념으로 삼아 사회질서를 과거로 되돌리고자 했다. 일본은 겐로쿠시대의 내수시장 폭발로 호황을 누렸지만 쇄국정책으로 일관했다. 하지만 동아시아 서쪽 반대편의 유럽은 근대라는 개념을 발명했고, 해양을 통해 부를 거머쥔 제국이 되어 동점東漸하기 시작했다. 동아시아는 밀려드는 외부의 사상과 호기심으로 조용히 충돌했다.

동아시아도 점차 변화하는 외양을 띠기는 했으나 유럽처럼 근본적인 체제 변화가 아닌 점진적인 개량을 선택했다. 그렇다면 동아시아를 내버려두었으면 유럽식의 근대가 출현했을까? 오늘날 대부분의 지식인들은 고개를 갸우뚱하겠지만 그렇다고 '내재적 발전론'이 부정될 만큼 유럽의 근대가 지구 보편적인 모습도 아니었다. 유럽의 근대는 매우 좁은 의미에서 출현 가능태였다는 것이다. 근대라는 말 자체가 서양의 발명일 뿐만 아니라 조약이라는 법률 언어와 일련의 사건으로서 역사적으로 근대와 전근대를 나누는 구분은 아니다. 하지만 이들 사건 이전에는 동아시아 사회가 정체되었고 별다른 발전의 징후가 없었다는 것이 서구 역사학계의 시각이었다. 또한 이를 받아들인 메이지유신 이후 일본 제국주의 역사학자들의 시각이기도 했다. 이것은 식민지 조선에도 그대로 적용되었다. 물론 이것에 대한 반론으로는 내재적 발전론이 있으며, 이를 뒷받침하는 것이 '자본주의 맹아론'이다. 즉 동아시아에도 내부에 자본주의가 발전할 수 있는 씨앗이 잉태되어 있었으며, 이는 곧 발아할 것이었다는 이론이다. 문제는 이 이론이 마르크스의 역사발전단계론에서 주장한 내용을 동아시아에 무분별하게 적용했다는 비판도 제기되었다. 그렇다면 맹아론은 폐기하더라도 내재적 발전론은 새롭게 재해석해볼 여지가 있지 않을까? 인류의 발전이 오직 자본주의로의 이행만이 필연이었는가라는 질문이 가능하기 때문이다. 사실 산업혁명이나 상품생산에서 노동력 착취를 제도화한 것은 우연의 산물일 수 있다. 하지만 그 결과를 가지고 '동아시아에서는 왜 자본주의가 발생하지 않았는가'라는 질문을 하는 것은 참으로 무의미하다. 동아시아에서 우리가 경험하지 못한 나름의 새로운 체제가 등장했을 수 있기 때문이다.

현대 역사는 동아시아의 근대를 19세기 중반으로 규정한다. 문제는 모두 서양 세력이 진출해 맺은 폭력적인 조약에 의거한다는 점이다. 1842년 중국은 영국과 난징조약을 맺었고, 1858년 일본은 미국과 미일수호통상조약을 체결했다. 모두 불평등조약이었다. 이에 조선은 1876년 일본의 강압적인 요구로 강화도조약을 맺게 되었다. 우리는 이를 대체적으로 동아시아의 근대로 규정하고 있다. 이 격동의 동아시아 근대에 조선의 변방 강화도가 그 모순의 격전장이 되었다는 점에 주목한다. 돈대로 둘러싸인 강화도는 프랑스, 미국, 일본으로부터 강제 개방을 요구받았고 이윽고 청나라, 러시아, 일본의 전쟁터가 되기도 했다. 조선은 가혹하리만치 숱한 고통을 겪었고 그 고통의 현장에 돈대가 서 있었다는 점에 주목한다.

『강화 돈대』 1부에서는 17세기 초반 격변하는 동아시아의 전세 속에서 강화도 변방에 세워진 돈대의 기원을 추적한다. 임진왜란 이후 잠시 소강기를 거친 뒤 중국에서 명나라가 청나라로 교체되고 병자호란이라는 더 큰 파도가 조선을 덮쳤다. 이때 조선은 강토가 철저하게 유린되면서 정신적으로 더 큰 혼란을 겪게 되었는데 변화하는 세상에 맞서 자신도 변할 것인가, 아니면 철저하게 과거를 지킬 것인가라는 두 가지 견해가 충돌했다. 이때 '영고탑 회귀설寧古塔回歸說'이 유행하고 북벌론이 등장했으며, '정경鄭經의 침입'으로 민심이 요동쳤다. 이러한 정세 변화에 민감하게 반응했던 당파들에 의해 강화도에 돈대가 설계되고 숙종이 축조를 지시하게 되었다. 1부와 2부는 이러한 과정을 동아시아적인 관점으로 확대해 조망하는 동시에 조선 내부의 권력을 세밀하게 들여다보며 돈대가 축조된 연유에 대해 살펴보았다. 또한 실제로 돈대를 만들고 그것을 지켰던 민중들의 삶과 노력을 돌아보고자 했다.

3부에서는 19세기 말 최초로 접촉한 서구와의 만남이 하필 돈대에서였을까라는 우연 또는 필연에 대해 이야기한다. 우리가 알고 있는 서구와의 첫 만남은 모두 전쟁으로 귀결되었고, 그 장소는 강화도의 돈대였다. 이후 '탈아입구脫亞入歐'의 일본이 강화도조약을 강요하며 돈대는 지난한 식민의 길을 목격하게 되었다. 4부 '부활'에서는 광복 후 한국전쟁과 군사 쿠데타로 인해 돈대는 전혀 다른 가치를 부여받아 이제는 과거의 군사 목적이 아닌 역사·문화 유적으로 각광받는 현실과 마주한다. 한동안 폐허로 잠들어 있던 돈대가 다시 눈을 뜬 것은 아이러니하게도 미국의 승인하에 쿠데타로 집권했던 박정희 정권 때였다. 자주국방을 내세우며 핵무기 개발을 추진하면서 갈등을 빚은 박정희가 반미구국의 성지로 강화도를 선택한 것이다. 신미양요로 죽어간 백성들의 혼을 위로하기 위해 손돌목돈대 등 신미양요의 현장을 대대적으로 복원했는데, 갑곶돈대甲串墩臺에서 초지돈대草芝墩臺까지 약 10여 개의 돈대가 역사적 고증이 이루어지지 않은 복원을 통해 국민들에게 선보이게 되었다. 이는 분명 역사의 복원이라기보다는 정권의 프로파간다였지만 1970년대 역사학계는 침묵했다. 역사왜곡은 비단 외세에 의한 것만이 아니라는 교훈을 얻었을 뿐이다.

돈대는 그렇게 안보 관광지로 각광을 받다가 국내 여행의 붐이 일면서 또 한번 지방자치단체의 볼거리로 선정되어 수난을 겪게 되었다. 54개 돈대 중 10개는 멸실이고, 20여 개는 군의 소유이며, 나머지는 버려지거나 고증 없는 복원을 거쳤다. 원형 그대로의 모습을 지키고 있는 돈대는 몇 곳이 되지 않는다. 그리고 지금 돈대는 세계문화유산 등재라는 또다른 시험대에 올라 있다. 이는 '보편적이며 탁월한 가치'를 지녀야 하는 세계유산 등재 기준에 얼마나 충족하고 있는지를 의미한다. 오랜 세월 주목받지 못했고, 어느 순간 민족의 가장 고통스러운 순간을 함께했으며, 또다시 버려지고 이용당한 돌덩어리 물체가 과연 인류의 가장 순수한 역사기념물로 보존될 수 있을까? 이 책은 그 모든 질문에 답을 하고자 한다.

1부
돈대 탄생의 배경

가도의 주둔군 모문룡

|

의두돈대와 철북돈대에 새겨진 미군의 흔적
우리에게 알려지지 않은 조선 점령군 모문룡
명나라의 몰락과 후금 승리의 원인이 된 가도

강화도 최북단에 위치한 철산리. 눈앞에 북한 땅이 바라보이는 곳에 3개의 돈대가 불과 2, 300미터를 사이에 두고 모여 있다. 그중 하나가 의두돈대蟻頭墩臺로, 외형상으로는 옛 돈대의 모습이 잘 보존되어 있다. 그런데 아쉽게도 민간인 출입통제선(이하 민통선) 지역인데다 아직도 군의 관리하에 있어 일반인은 쉽게 볼 수가 없다. 해병대에 협조 공문을 보내 어렵사리 취재 허가를 받고 설레는 마음으로 돈대 밖 철조 울타리 앞에서 기다렸다. 힘들게 허락을 받은 만큼 천천히 돌아보고자 했다. 이내 큼직한 자물쇠가 열리고 울타리 안으로 들어가니 돈대의 외형은 후대에 손댄 것 없이 깔끔했다. 방형方形의 돈대를 한 바퀴 돌아보니 조강祖江 너머 북한 땅이 보였는데 이곳에서 황해도는 뛰어가도 될 듯이 가까웠다.

내부를 둘러보기 위해 돈대 문으로 들어서자 마당에는 개망초가 가득 피어 있었다. 그런데 나의 기대와는 달리 내부는 온통 콘크리트뿐이었다. 해병대는 별도의 초소도 세우고 탄약 등을 보관하는 무기고와 유류 저장고까지 만들어놓았다. 한동안 사용하지 않은 듯 위장색으로 칠한 페인트가 세월에 못 이겨 벗겨지고 있었다. 군인들이 돈대에 가한 흔적은 미학적으로 아름답지 못했다. 하지만 애초에 계획 따위 없이 그때그때 필요에 의해 손을 댄 것이지만 돈대는 의외로 자연스럽게 살아 있었다. 돈대는 세워지는 순간부터 지금까지 자신의 쓰임새를 그대로 간직해온 것이다.

개망초 가득한 현대적인 유적 의두돈대

내가 언제 일을 마치나 노심초사하며 기다리는 하사를 무심히 못 본 체하며 혹시나 의외의 것이 눈에 띄지 않을까 주변을 어슬렁거렸다. 그러던 중 벽에 희미하게 남아 있는 낙서를 발견했다. 조선 병사의 것이 아닐까 했지만 페인트로 쓴 것이었다. 희미한 글씨는 알파벳이었는데 글자의 수로 보아 사람 이름이거나 두 단어의 구호로 보였다. 그렇다면 이곳에 미군이 주둔했던 것인가? 한국전쟁 당시 인천상륙작전을 전개하면서 주변의 주민들을 내쫓아 점령했으니 이곳 강화도에도 미군이 진입했을 것이다. 이곳에 어느 정도의 병력이 주둔했었는지는 알 길이 없지만 간접적인 자료에 의하면 한국전쟁 이후 미군이 꽤 주둔했었다는 사실을 알 수 있다. 과거 기지촌 주변에 미군의 흔적들이 제법 남아 있기 때문이다. 하지만 지금은 강화도에 미군기지가 있었고, 기지촌이 있었다는 사실을 기억하는 이는 많지 않다. 강화군 하점면 부근리에서 만난 노인은 "워낙 오래된 일이라 알 만한 사람이 몇 안 남았지. 당시 이곳이 흥청거렸지. 양색시가

100명이 넘었으니까. 멀리 강화읍에서도 이곳으로 놀러오곤 했어"
라며 당시 사용하던 공중화장실과 세탁소 자리, '기지촌 여성'들이
살았던 집들의 위치를 알려주었다. 노인이 이야기한 당시는 1954년
이었다. 하점면은 의두돈대에서 6킬로미터밖에 떨어지지 않은 곳이
다. 추측하건대 미군은 한국전쟁 이후 강화도의 돈대를 재활용해 한
동안 주둔하고 있었음이 분명하다.

지금도 미군은 이 땅에 주둔하고 있다. 외국인들이 이들을 보면
'점령군'이라 할 것이다. 미군이 전 세계에 주둔하면서 대규모 병력을
유지하고 있는 곳은 독일, 일본, 이라크 등이다. 분명히 전쟁 이후의
점령지라 할 수 있다. 그런데 요즘은 주둔이나 점령의 형태가 많이
달라졌다. 과거에는 현지 정부가 땅만 내주면 되었는데 이제는 주둔
비용까지 요구한다. 우리나라 정부 역시 한미행정협정에 의해 땅만
빌려주던 10년 전과 달리 현재 1조 원이 넘는 비용을 지불하고 있
다. 이는 미군 지원에 들어가는 인건비나 자재비용으로, 트럼프 행정
부 때는 이것의 6배인 7조 원 가까이 요구하기도 했다. 여기에는 무
기 정비, 훈련비용까지 포함되어 있다. 어찌 보면 우리가 미군을 용
병으로 부리는 듯한 착각이 들기도 한다.

이런 점령 주둔군은 한반도에 언제부터 있었을까? 우리나라가
동북아시아에서 오랜 역사를 지닌 나라이다보니 점령과 독립이 수
없이 반복되었다. 2000년 전 중국 한漢나라는 요동과 한반도에 4군
을 설치했다. 한반도에는 낙랑과 대방이 있었다. 삼국시대에는 신라
의 통일전쟁 직후 연합국이었던 당나라군이 주둔했으며, 고려 때는
원나라 병사가 일본 원정을 빌미로 주둔하기도 했다. 조선 후기에는

일본군과 청나라군이 각기 주둔하며 전쟁을 벌였고, 식민지 시절에는 아예 일본군의 차지가 되어버렸다. 그런데 400년 전 조선에 일반인들은 잘 모르는 명나라의 주둔군이 있었다. 이들 때문에 정묘호란이 일어나고 청나라가 명나라를 정복했으며, 다시 청나라에 반역하는 무리들 때문에 조선이 위태했다. 이 점령 주둔군의 이름은 동강진이라 불린 명나라의 모문룡毛文龍 군대였다.

미군이 점령한 강화도

숙종 때 강화도에 돈대가 축조되기까지 조선과 대륙의 정세 변화에 대해 살펴보자. 특히 명말청초明末淸初의 불안한 동아시아 정세에서 조선의 외교문제에 대해 주목해보고자 한다. 이 시기는 광해군에서 숙종대까지로 동북아시아의 전환기이자 조선의 격변기라고 할 수 있다. 광해군 시절 요동에서는 모문룡이라는 명나라의 하급 장수가 후금과 교전을 벌이고 있었다. 그런데 이자가 후금에 패하고 조선 땅으로 넘어와 평안북도 철산군에 진을 치고는 만주족에게 쫓겨난 한족들까지 불러들였다. 광해군은 후금과의 관계가 악화되지 않을까 염려되어 모문룡에게 철산군 앞바다의 가도假島로 거처를 옮기게 했다. 사실 명나라에게 가도는 전략적으로 매우 중요한 곳이있다. 가도는 압록강 하구에서 멀지 않은 곳에 위치해 가까이에서 후금을 견제할 수 있을 뿐 아니라 조선과도 직접 교통할 수 있는 지역이었다. 명나라로서는 우연찮게 모문룡이 가도에 군진을 설치하게 됨으로써 남으로는 등주와 내주를 방어할 수 있고, 동으로는 조선과 연락이 가능하며, 북으로는 요양과 심양을 공격할 수 있는 요충지를 확보할 수 있었다.[1] 섬으로 가라 하니 모문룡은 툴툴거렸겠지만 정작 섬으로 들어가보니 그게 아니었던 것이다. 가도는 그야말로 천혜의 요새이자 명나라, 후금, 조선을 모두 아우르고 있어 수출과 수입의 교역지로서도 안성맞춤이었다.

시간이 흘러 반정으로 광해군을 축출한 인조는 명나라를 사대하는 마음에 모문룡을 후원했다. 이에 가도에 둥지를 튼 모문룡은 동강진東江鎭을 더욱 확장하고 사실상 명나라의 조선 내 군사기지로 자리매김했다. 모문룡은 조선 조정으로부터 매달 1만 석 이상의 쌀을 지원받았는데 한 해에 12만 석으로 엄청난 양이었다. 가도에는 수만 명의 한족들이 모여들어 명군을 자처했다. 『인조실록』을 통해 구체적인 기록을 좀더 살펴보면 1627년(인조 5) 국가 경비의 3분의 1이 가도 지원에 사용되었으며, 1629년(인조 7)의 집계에 의하면 가도에 지급된 곡식이 무려 26만여 석에 이르고 있었다. "온 나라의 식량 절반이 요민에게 들어가며, 모문룡을 지원하느라 물력이 바닥났다"는 비변사의 보고처럼 조선은 모문룡이 섬에 머무는 동안 엄청난 재정적 피해를 입어야 했다.

또한 가도는 명나라의 또다른 고민, 곧 조선 통제와 관련한 우려를 해소해주었다. 가도는 조선과 명나라를 이어주는 해상 교통로의 접점으로서 양국 사신들이 반드시 거처야만 하는 곳이었다. 나아가 군진이 설치되었기에 명나라의 고위 장수가 머물며 조선에 다양한 영향력을 행사할 수 있는 장소였다. 따라서 조선은 가도를 지원해야 했을 뿐만 아니라 그 존재를 의식할 수밖에 없었고, 명나라로서도

가도를 이용해 조선을 감시하며 곁에 묶어둘 수 있었다.[2]

모문룡 군사들의 그 패악질이 어찌나 심했던지 틈만 나면 육지로 나가 약탈, 방화, 살인 등을 서슴지 않았다. 그런데도 조정은 상국의 군대라며 아무런 대책도 내놓지 못했다. 그야말로 안하무인의 점령군이었다. 조선의 한문 4대가로 꼽히는 이식李植은 다음과 같이 시대를 한탄했다.

하물며 새로 생긴 강동의 40만 대군진

이곳의 잘잘못을 그 누가 감히 논하리요.

변방 요새 쓸쓸하게 요기가 얽혀 있고

해만 지면 오합지졸들이 유민들을 약탈하는데

모문룡 혼자서 태관의 선물 배 채우고

모문룡은 하는 일 없이 봉후인만 바라는구나.

얼굴이 백옥 같은 이팔청춘 요동 여인

군문 앞의 공차기놀이 구경하는데

슬프다 양서지방 일백 고을 우리

자식 팔아 군량 대주고 한밤중에 통곡하네.

모문룡이란 희대의 점령군

결국 모문룡의 군대는 후금을 자극했고 명나라를 공격하기 전에 조선이라는 배후를 먼저 정리한다는 전략에 의해 정묘호란이 일어나게 되었다. 그런데 정작 모문룡의 군대는 이 사태를 외면한 채

섬에서 한 발짝도 나오지 않았다. 조선은 드디어 모문룡을 의심하기 시작했다. 정묘호란을 전후한 시기 가도의 모문룡이 공공연하게 후금과 내통하고 있었다는 사실도 드러났다. 조선의 정보가 유출되고 있었던 것이다. 당시 모문룡과 후금 사이에 사신이 왕래하던 정황은 조선의 지방관들에게 탐지되었고, 심지어 조선에 온 후금 사신들도 이를 인정하기까지 했다. 후금 사신마저 가도와 내통하고 있던 사실을 당당하게 밝히는 상황에서 조선은 난감할 수밖에 없었다. 요컨대 가도는 여러모로 조선에게 근심을 주는 공간이었다.[3]

모문룡은 명나라의 군사기지를 자처하고 병사를 수만 명이나 보유했다고 하지만 실제 중원에서 벌어지는 사태에는 별 관심이 없었다. 그의 관심사는 오직 명나라와 조선 그리고 후금과의 삼각무역을 통해 부를 축적하고, 가도 내에서의 호화로운 생활을 영위하는 것이었다. 명나라에게는 뇌물로 환심을 샀고, 후금에게는 전쟁은 없을 것이라 밀통하고, 조선에게는 무한대로 재물을 갈취하는 것이 모문룡의 삶이었다. 그런데 이를 알아차린 자가 있었으니 명나라의 계료총독 원숭환이었다. 그는 모문룡과 비교할 수 없는 충신 가문 출신으로 같은 명나라의 장수였지만 모문룡의 부패한 흉계를 묵과할 수 없었다. 이에 원숭환은 조선과 명나라에 통고한 뒤 모문룡을 연회에 불러 즉석에서 목을 베어버렸다. 그런데 이 일이 명나라에게는 불행이 되었고 후금에게는 행운이 되었다. 명나라 조정은 원숭환을 소환해 "모문룡을 죽이지 말라"는 명령에 불복종했다며 그를 능지처참에 처했다. 후금은 이 사건으로 투항한 모문룡 휘하의 해군 장수와 군사들을 얻게 되었는데, 이에 날개를 단 후금은 조선을 재침략해

병자호란을 일으키고 명나라와 전면전을 벌였다. 그들은 형제국에서 신하국이 된 조선에게 군사 5000명과 병선 50척을 요구해 가도정벌에 나섰는데 가도정벌 조선군의 선두에는 우리에게 잘 알려진 장수 임경업이 있었다. 이제 후대에 큰 영향을 미칠 임경업의 전설이 만들어지게 된다.

돈대에 기생하듯 나무가 거대한 뿌리를 내리고 있다. 의두돈대는 출입문이 위치한 후면이 대부분 붕괴되었으나 기타 석벽은 대체로 양호한 편이다. 포좌는 전면과 측면에 모두 3좌로 이루어져 있다. 전면 포좌에서는 멀리 송악산이 바라보이며, 측면 포좌는 해창리 방향을 향하고 있다. 계곡으로 침입하는 적을 공격하기 위한 시설이었던 것으로 추정된다.

의두돈대 내부는 군사시설로 완전히 변형되었다. 평면 형태가 장방형인 돈대로 북쪽으로 바다와 접해 있다. 동서 15미터, 남북 29미터로 벽체의 폭은 4.7미터이며, 돈대의 최대 높이는 3.4미터이다. 군시설물로 훼손된 상태이지만 비교적 온전한 형태로 보존되어 있다. 벽체의 하단 1열은 퇴물림쌓기로 되어 있다.

철북돈대에서 바라본 의두돈대. 철책으로 완전히 이어져 있다. 철북돈대의 전면은 인공 시설물을 설치할 때 개축되었는지 알 수 없으나 지금은 굴곡면을 이루고 있다.

철북돈대의 허물어진 성벽. 자연적으로 허물어졌는지 아니면 일부러 허물었는지 알 수 없지만 지금은 군인들의 출입구가 되었다. 최근에 쌓은 군시설물에 의해 바다와 접한 동쪽 포좌 부분과 일부 벽체는 훼손된 상태이다. 평면 형태는 방형이며, 장축은 동서방향이다. 동서 28미터, 남북 19.3미터, 포좌 부분 27.8미터, 벽체의 폭은 3.5미터이다. 돈대의 외부 벽체는 비교적 원형의 모습을 유지하고 있다. 1718년(숙종 44) 강화유수 심택현이 정비했다고 기록되어 있다.

신이 된 임경업

외포리를 감시하는 초병, 망양돈대와 삼암돈대
명나라를 공격한 배신자 임경업
반전, 임 장군 경업 신이자 충신이 되다

강화도에는 섬과 섬을 연결하는 여객선 포구가 흔치 않다. 주변 섬들이 다리로 연결되었기 때문이다. 그런데 봄과 가을 외포리로 몰려드는 사람들이 있다. 여객선을 타고 섬으로 가기 위함이 아니라 젓새우 때문이다. 우리가 먹는 새우젓 용도의 잔새우 80퍼센트가 강화도 인근에서 잡힌다. 간척과 방조제로 인해 서해안의 서식지가 파괴되면서 새우의 산란지가 강화도로 거의 통합되다시피 했다. 젓갈로 유명한 강경이나 곰소의 새우젓도 기실 알고 보면 강화도에서 잡은 새우로 만든 것이다. 그 생새우와 젓을 저렴하게 살 수 있는 곳이 바로 강화도의 외포리이다.

외포리에 가면 새우젓을 사야

강화도에서 잡히는 새우의 종류는 매우 다양한데 새우가 잡히는 계절에 따라 이름이 각기 다르다. 5월 봄에 잡힌 오젓부터 살이 찐 최고의 육젓, 가을에 잡은 추젓, 겨울 동백하젓 등이 있다. 새우젓은 김장을 담글 때, 돼지고기 수육을 먹을 때 소금 이상의 가치를 지닌다. 마침 돈대를 돌아보기 위해 나온 가을, 외포리는 추젓이 한창이었다. 수산시장은 김장용 새우젓(생새우에 25프로 정도 소금을 섞은 것으로 아직 발효되지 않은 것)을 사러 나온 사람들로 북적였다. 포장의 가장 큰 단위는 드럼인데 이는 200리터로 중량은 250킬로그램에서 300킬로그램 정도 된다. 부피보다 무게가 더 나가는 것은 새우젓 비중이 물보다 높기 때문이다. 최상급의 육젓은 한 드럼에 1500만 원 정도 하니 수산물치고 엄청난 가격이다. 이왕 들른 김에 돼지고기 수육과 함께 먹을 새우젓 한 병을 샀다.

외포리 항구와 석모대교 사이에는 2곳의 돈대가 있는데, 바로 삼암돈대三岩墩臺와 망양돈대望洋墩臺이다. 삼암돈대는 외포리 뒤편 국수산에서 바다 쪽으로 내려온 언덕에 자리하고 있다. 외포리와 황청리를 연결하는 도로 가까이에 위치해 쉽게 찾을 수 있다. 돈대 앞은 깨밭이라 그냥 지나치기 십상이다. 그런데 돈대 앞에서 노년의 부부가 의자에 앉아 수다를 떨고 있었다. 깨밭을 지키는 것이냐고 물었더니 돈대를 지키고 있다는 답이 돌아왔다. 의외의 답이라 적잖이 놀랐다. 노인이 강화군에서 하루 일당을 받고 돈대지기를 하고 있는 것이라고 덧붙여 이야기하자 나는 "전생에 이 돈대를 지키던 병사셨네요"라며 너스레를 떨고 돈대로 향했다. 이 돈대는 좀 놀라운 구석이 있다. 수리나 복원을 한 흔적없이 아주 멀쩡해 보인다는 것이다. 돈대는 동북쪽으로 난 문을 통해 들어가니 원형이었는데, 지름은 37미터로 문과 반대쪽인 서쪽으로 4문의 포좌가 이어져 있었다. 어느 한 곳 무너진 곳이 없었지만 배수 탓인지 살짝 주저앉은 곳이 눈에 띄었다. 밖에 앉아계신 어르신들이 일당을 받고 관리할 만했다.

삼암돈대에서 나와 외포리 쪽으로 길을 따라 내려오면 낮은 구릉에 망양돈대가 보인다. 올라보니 주변이 잘 정비되어 있었다. 아마도 외포리 주변이 관광지라 군청에서 관리를 하고 있는 듯했다. 북쪽으로 난 출입구를 통해 안으로 들어가니 정방형의 마당이 나타났다. 돈대 주위가 90미터로 꽤 널찍했다. 바다를 바라보는 남서면에 포대가 설치되어 있어 척후와 방어 모두 유리하게 설계되어 있었다. 그런데 자세히 살펴보니 남쪽과 북쪽 벽은 원래 석축이 바닥만 남아 있고 나머지 대부분은 최근에 쌓은 것이었다. 알아보니 얼마 전까지 돈대 안에 고압선 철탑이 들어서 있었다고 한다. 철탑을 옮기고 허물어진 돈대를 복원했는데, 문제는 고증 없이 날림으로 이루어졌다는 것이다. 문화재 전문가들은 두고두고 후회할 일이라며 안타까워했다. 주변에 대한 발굴이나 원형 복원의 기회는 사라진 것이다. 어찌 아쉽지 않겠나.

외포리에 있는 돈대를 찾아 돌아다니다가 임경업 장군이 떠올랐다. 아니 사실은 그를 진작 떠올리고 돈대를 찾았던 것이다. 외포리에서 배를 타고 나가면 만날 수 있는 주문도와 볼음도 때문이다. 명나라를 도왔다는 이유로 청나라로부터 체포령이 떨어진 임경업은 지인의 도움으로 마포에서 배를 타고 밀항을 했다. 추측건대 한강에서 조강으로 내려와 강화도의 외포리를 거쳐 볼음도와 주문도로 나아간 듯하다. 주문도는 임경업이 이곳에서 임금에게 글을 올렸다고 해서 붙여진 이름이라고 하며, 볼음도는 이곳에서 보름달을 보았다고 해서 붙여진 이름이라고 한다. 이를 모두 믿을 수는 없지만 임경업은 아마도 이 경로를 통해 산동반도로 향했을 것이라고 추측할 수 있다. 그럼 어쩌다가 임경업은 청나라의 현상수배범이 되었을까?

망양돈대에서 떠올린 임경업의 전설

평안북도 철산군 가도에는 명나라의 군사기지인 동강진이 있었다. 이곳을 지배하던 모문룡은 교활한 술책과 행패로 악명이 높았다. 결국 같은 명나라 사령관인 원숭환이 모문룡을 처형하자 모문룡의 부하였던 경중명耿仲明, 상가희尙可喜는 청나라에 투항했으며, 이들은 훗날 청나라의 번왕이 되었고 경중명의 손자 경정충耿精忠과 상가희는 그 유명한 '삼번의 난'의 주역이 된다. 그후로도 가도는 명나라의 지배하에 놓여 있었는데, 청나라는 병자호란 이후 가도를 확실하게 제압하기 위해 조선 군사 5000명, 군함 50척을 징발했다. 역사는 이것을 가도전투 또는 가도정벌이라 칭한다.

가도의 명나라 군진에 대한 조선의 평가는 상반되었다. 백성들은 패악질하는 못된 한족이 모여 있는 곳으로 보았지만, 양반 지배층은 상국인 명나라의 범접할 수 없는 성역으로 인식했다. 조선 조정은 청나라의 요구에 어쩔 수 없이 가도정벌에 참여했지만 소선군이 전투하는 시늉만 하길 기대했다. 이 정벌군의 사령관 중 한 명이 우리가 잘 알고 있는 임경업이다. 그런데 임경업은 뜻밖에도 적극적으로 가도전투의 책략을 청나라에 제안했고, 조선 병사들은 가차없이 명나라군을 유린했다. 게다가 조선군이 전투 후 약탈에까지 참여함으로써 조선 조정의 기대를 여지없이 저버렸다. 이 전투에 대한 조선군의 활약을 『인조실록』은 일체 기록하지 않았다. "청나라 장수 마부달이 병선 50여 척을 이끌고 와서 가도를 격파하였다. 도독 심세괴가 굴하지 않고 싸우다 죽었으며 군병도 사망한 자가 1만여 명이었다."

조선군의 활약을 조선은 기록하지 않았지만 청나라의 기록에는 뚜렷이 남아 있다. "당초 청나라군은 가도의 험한 지세와 해안가에 배치된 포대 때문에 섬으로의 접근 자체에 어려움을 겪고 있었다. 그때 청나라군에게 첫번째 해법을 제시해준 이가 바로 임경업이었다. 그는 계책을 내놓으라는 청나라군의 요구에 응해 '가도의 후면 해안가는 방비가 허술하니 배후로 돌아가 상륙해 공격하면 섬을 함락시킬 수 있을 것'이라는 구체적인 정보와 전술을 일러주었고, 그의 전술을 채택한 청나라군은 마침내 가도 상륙에 성공할 수 있었다."[4] 실제로 인조 때 나만갑羅萬甲이 지은 『병자록丙子錄』 등 다양한 자료에는 조선군의 공격에 충격을 받은 명나라군이 "우리가 조선에 무슨 원수질 일을 했기에 이렇게 참혹하게 구느냐"는 반응이 기록되어 있다.

가도를 정벌하고 명나라군을 학살한 조선군들

임경업은 청나라로부터 후한 상을 받았고 이후 벌어지는 명나라와의 전투에서 청나라군 장수가 되어 참전했다. 하지만 임경업은 명나라와의 전투에서 소극적인 태도를 취하고, 명나라와 몰래 연락한 사실이 발각되는 바람에 청나라군에 체포되어 압송되던 중 탈출해 명나라로 망명했다. 이후 명나라는 청나라에 제압되고 왕조는 역사 속으로 사라졌다. 임경업은 명나라 군진에 남아 있다 청나라군에 체포되어 북경에서 옥살이를 하다 조선에서 일어난 역모사건에 연루되어 한양으로 압송되었는데, 이후 모진 고문 끝에 옥사했다. 조선 조정 내의 친청파에 의해 살해되었다는 소문도 있었다.

조선의 지식인들 사이에서 임경업은 명나라에 대한 사대를 저버린 패륜아로 낙인찍혔다. 그에 대한 기록 곳곳에 비난하는 선비들의 목소리가 선명히 남아 있다. 먼저 강경한 척화파로 활약한 정온鄭蘊은 이 사건을 어떻게 기억하는지 살펴보자. "청인이 돌아가는 길에 우리나라 장수 유림柳琳 등을 선봉으로 삼아 가도를 공격했다. 선생이 이 소식을 듣고 통곡하며 말하기를 '부모 같은 명나라의 군사가 유림 등의 손에 패배당하는 것을 어찌 보겠는가?'"라고 하였다. 당시 윤황尹煌 또한 척화를 주장하다가 죄를 얻었는데, 이때에 이르러 말하기를 "남한산성의 일은 사직을 보존하기 위한 일이라고 핑계할 수 있지만 명나라 군사를 함께 공격한 일로 말하자면 사대부들은 의리상 세상에 설 수 없을 것이다"라고 하였다.

하지만 세월이 한 세대 정도 흐른 뒤에는 반전이 시작된다. 우암尤菴 송시열宋時烈은 『임장군경업전』에서 "당시 청나라 황제는 임경업을 전쟁에서 이용했다. 그러나 임경업 장군은 계책을 써서 오랑캐를 속였고 그들은 장군의 계책에 빠져 속는 줄도 몰랐다"라고 하면서 임경업의 명나라에 대한 사대는 변치 않았다고 적었다. 이후로 기억은 변조되기 시작한다. 많은 서인들이 임경업에 대해 긍정적인 평가를 내리면서 그가 가도에서 행한 전투는 여러 문서에서 삭제되었다.

나중에는 그런 전투가 있었다는 것 자체를 부정하기에 이른다. 권헌 權幰의 『진명집震溟集』에는 "정축년에 임경업을 따라 가도를 공격했는데, 탄알을 넣지 않고 포를 쏘아 옆 사람이 그것을 말렸다. 하늘을 우러러 크게 웃으며 말하길 '내가 천조를 적대하고 살았으니 어찌 적에게 살겠는가?'라며 듣지 않았다. 청나라군이 마침내 그것을 깨닫고 능지해 죽였다"라고 기록되어 있다.

상상으로 만들어진 임경업의 사대주의

가도정벌을 두고 조선 지식인들이 보인 내면의 갈등과 회피를 추적한 역사 교사 서동윤은 "지배 엘리트인 지식인들이 중화를 이어받은 문명국 조선의 자랑스러운 표상이자 지배 이념인 대명의리를 몸소 실천한 본받을 만한 사례를 만들어내기 위한 작업이었다. 나아가 이를 통해 '만들어진 결과물'은 백성들에게 지배 이념을 주입시키고 순응하게 하는 장치로 작용하기도 했다. 한편 가도정벌 기억 변조는 백성들의 감정이 투영되었고, 그들의 눈높이에서 기억되었던 가도정벌이라는 사건이 잊혀가는 과정이기도 했다. 백성들에게 통쾌했던 사건은 시간이 지남에 따라 지식인들의 눈높이(조선중화주의)에 조정되어 윤색되어버렸다. 요컨대 1637년 가도정벌이란 사건은 조선 지식인들이 보기에 알맞게 변조된 채 전승되었다고 할 수 있겠다"[5]라고 했다.

강화도에 돈대가 세워지고 중원에서 '삼번의 난'이 일어났던 숙종 시대에는 급기야 죽은 임경업이 충민공忠愍公이라는 시호를 받고 사당까지 헌사받게 된다. 국가적인 영웅이 된 것이다. 가도를 정벌한 지 3세대 만에 원래의 기억은 사라지고 새롭게 창조된 기억이 그 자리를 차지했다. 하지만 조선의 백성들은 지식인들과는 달리 임경업에 대한 다른 기억을 가지고 있다. 임경업은 힘이 세고 탐관오리를 혼내주며 백성들에게는 물고기 잡는 법을 알려준 민초들의 영웅이었다. 지금도 연평도에 가면 조기 잡는 법을 전수하고 만선을 기원해주는 신으로 남아 있다. 백성들에게 임경업은 명나라에 대한 사대나 의리와는 전혀 상관없는 존재였던 것이다.

삼암돈대를 지키는 노부부. 특별한 일이 없을 때는 나들이 나온 것처럼 돈대 앞에서 소일
을 한다.

삼암돈대는 국수산록 남단의 외포리와 황청리를 연결하는 도로 가까이에 위치해 있다. 포
좌는 남서쪽을 향하고 있는 평면 형태의 원형 돈대이다. 동서, 남북의 각 지름은 37미터이다.
북서쪽으로 4문의 포좌가 설치되어 있으며, 동북쪽에 출입문 시설을 두었다. 4미터가량의
여장女墻의 흔적과 석루조가 남아 있어 건립 당시의 원형을 간직하고 있는 것으로 보인다.

삼암돈대 포구에서 바라본 풍경. 삼암돈대는 전면에는 급경사를, 후면에는 완만한 경사의 산을 등지고 있다. 바다를 향해 설치된 4문의 포좌는 보존 상태가 양호하다. 삼암돈대의 축석은 방형의 거칠게 다듬은 돌을 그랭이질을 하여 정교하게 짜맞추었다. 횡줄눈은 대체로 일치하지만 종줄눈은 일치하지 않게 쌓아 구조적으로 매우 안정되어 보인다. 또한 틈틈이 '사잇돌'을 끼워 안정감을 높였다.

망양돈대의 외벽. 망양돈대는 남서쪽과 북쪽 중앙에 출입구가 있으며 남면에 2문, 동서 각 1문 등 모두 4문의 포좌를 배치했다. 남면에 남아 있는 벽체의 높이는 4미터로 퇴물림쌓기를 하였고, 그랭이질을 한 석재에 '사잇돌'을 넣어 견고하게 쌓았다. 돈대의 크기는 각 면이 32미터로 정방형의 평면 형태로 되어 있으며, 벽체의 두께는 약 4.3미터이다.

망양돈대는 외포리항 서쪽 산구릉의 정상부에 위치해 있다. 돈대의 남쪽과 동쪽의 산사면
은 경사가 비교적 급하고, 서사면은 완만한 편이다. 동쪽에서는 외포리항의 선착장을 관망
할 수 있다. 원래 남면과 북동면 일부 석축이 남아 있던 것을 복원, 정비했다.

황손무, 조선 지식인을 꾸짖다

|

제방 축조로 사라진 제승돈대와 망해돈대
병자호란 강화도전투로 철옹성은 무너졌다
최초로 돈대 건설을 권유한 명나라 황손무

여름이다. 주변은 온통 매미소리로 가득했다. 짙게 우거진 녹음 사이를 걸으며 용정리 새말마을 배산의 정상부 북쪽에 위치한 망해돈대望海墩臺로 향했다. 그리 높지 않지만 더위와 수풀이 발목을 잡았다. 용정리는 말 그대로 우물에서 용이 났다는 뜻인데, 그 이름이 정조 때 『강화부지』에 처음 기록되었다. 용이 났다니 마을에서 큰 인물이 나왔다는 의미인지, 정말 용 같은 이무기라도 발견된 것인지는 알 길이 없다. 이 용정리에 2곳의 돈대가 있는데, 지금 올라가고 있는 망해돈대와 근처 제승돈대制勝墩臺이다. 제승돈대는 강화대교에서 더 가까워 먼저 들렀어야 했지만 지나쳐왔다. 사실은 그곳에 들어갈 수가 없었다. 여전히 군부대가 주둔하고 있어 취재가 어려웠다. 게다가 제승돈대는 일제강점기에 옥포제방이 호우로 무너지면서 이를 다시 축조하기 위해 면석을 모두 반출해 사실상 돈대가 사라진 상태이다. 그 터 위에 군부대가 막사를 지은 것이다.

산에 오르니 멀리 옥포제방이 바라보였다. 제승돈대 터는 제방

오른쪽 끝에 걸려 있다. 『신편 강화사』에 따르면 제승돈대는 외관은 방형이지만 내부는 원형이었을 것으로 추정한다. 채록된 20세기 초의 증언에 따르면 돌을 반출하기 전까지는 멀쩡하게 돈대 기능을 할 수 있었다고 한다. 하지만 제승돈대는 사진 한 장 남겨진 것이 없다. 아쉬운 마음에 무엇이라도 남아 있을까 하여 찾아보았지만 눈앞의 풍경은 그저 논뿐이었다. 이곳은 오래된 간척지로 사실 강화도의 대부분 평지가 간척지이다. 고려 때 강도江都라 불린 이 땅은 대몽항쟁기에 본격적으로 간척이 시작되었다. 지금 눈앞에 보이는 옥포에서 남쪽 멀리 초지까지 17킬로미터에 걸쳐 흙으로 외성을 쌓고 가시가 많은 탱자나무를 심었다고 한다. 이것이 계기가 되어 안쪽 갯벌이 차츰 개간되기 시작한 것이다.

옥포제방 축조에 사용된 돈대

지번상의 망해돈대에 올랐지만 돈대 비슷한 것은 어디에도 없었다. 평탄한 곳 어디에서도 돌덩이 하나 찾아볼 수 없었다. 주변에는 밀림처럼 수목만 가득했다. 망해돈대의 면석도 제승돈대와 마찬가지로 옥포제방 축조에 활용하느라 모두 반출되었기 때문이다. 망해돈대는 다른 돈대와 달리 해안가가 아닌 내지 조금 안쪽에 축조되어 있었는데 방어선을 뚫고 쳐들어온 외적을 2차로 방어하기 위해 설치된 탓인 듯하다. 지금으로서는 돈대의 원래 모습이 어떠했는지 도저히 알 수가 없다. 다만 기록에 의하면 지름 40미터의 원형이었을 것이라고 한다. 이 원형의 터 안에 콘크리트 벙커가 있었다. 아마도 오래전 해병대가 사용했던 것인 듯하다. 거미줄을 걷어내며 안으로 들어가보니 아무것도 없었다. 다만 바닥에서 발견한 깨진 시멘트 판석에 1973년이라고 새겨져 있었는데 이 벙커가 건축된 해일 것이다. 그 외에는 아무것도 없으니 이를 돈대라고 해야 할지, 다만 그것이 존재했었다는 흔적이라고 해야 할지 모르겠다.

근처에 400년 전 사람인 안몽상安夢祥이란 이의 묘가 있다. 죽산 안씨 안몽상은 인조 14년인 1636년 이곳 강화군영에서 종4품 파총을 지냈다. 그는 이해 병자호란이 일어나 적과 싸우다 다음해 갑곶 진전투에서 전사했다. 이때 왕족을 보호하는 임무를 맡고 있던 검찰사 김경징金慶徵은 해안에서 청나라군과 맞서 싸우는 것보다 강화성으로 철수해 성을 고수하는 것이 옳다고 판단했다. 이에 해안선에 배치되어 있던 각 부대들에게 강화성으로의 이동을 명령했다. 하지만 이 소식을 전해들은 호조좌랑 임선백任善伯은 급히 갑곶으로 달려가 김경징의 병력 이동 계획을 강하게 반대했다. "어찌 험준한 장강 연안의 요지를 버리고 다 허물어져가는 작은 성안에 들어가 자멸의 길을 택하려고 합니까? 국가의 존망이 이번 싸움에 달려 있으니, 대장된 몸으로 비겁하게 후퇴하여 군심을 추락시켜서는 안 됩니다."

그러나 김경징은 그의 말을 듣지 않고 갑곶나루 일대의 방어군에게 후퇴 명령을 내렸다. 갑곶 일대의 해안선에 배치되어 있던 수비군은 강화성으로 도망가거나 인근 산간으로 뿔뿔이 흩어져 달아났다. 그러나 중군 황선신黃善身, 파총 황대곤黃大坤과 안몽상, 천총 강흥업姜興業, 초관 정재신鄭再新 등을 비롯한 100여 명의 장졸들은 청나라군의 상륙을 저지할 것을 굳게 다짐하고 끝까지 방어 진지에서 떠나지 않았다.

청나라군은 화포로 위협사격을 가하며 상륙을 개시했으며, 갑곶나루 맞은편 성동리 일대에 대기하고 있던 청나라군의 후속 부대가 뒤를 이어 염하(鹽河, 강화해협)를 넘어왔다. 80여 척의 청나라군 선단에서 병사들이 쏟아져나오자 황선신이 지휘하는 조선군은 기습적으로 일제히 총포사격을 가했다. 조선군의 기습사격으로 청나라군의 선두 병력 수십 명이 사망하자 청나라군은 당황했으나 곧 조선군이 소수라는 사실을 간파하고 흩어진 대오를 정비한 후 1000여 명의 병력으로 돌격해왔다. 조선군 100명은 청나라군 1000명에 백병전으로 맞섰으나 끝내 전원이 장렬하게 전사했다.[6] 안몽상도 이때 전사했다. 그런데 어떻게 완벽한 철옹성의 섬이라고 했던 강화도가 무너진 것일까? 이는 한겨울 추위에 갯벌이 얼었고, 수전에 약할 것이라던 청나라군에 해군 장수 경중명이 있어 능숙하게 배를 사용했기 때문이다. 그래서 강화도는 병자호란 후 변화가 필요했다.

철옹성은 허무하게 뚫리고

17세기 후반 조선 숙종 때 기존의 성곽 구조에 약간의 변화가 나타났다. 돈대가 성곽 주변의 중요한 지점에 축조되기 시작한 것이다. 강화도는 지정학적 특수성으로 인해 왕의 보장처로 인식되었다. 중국의 정세가 불안정했던 17세기 후반부터 18세기 전반 강화도에는 수많은 방어용 건축물이 지어졌다. 이른바 '변방의 방비를 위해 설치한 요새'인 관방시설로 분류되는 성곽과 군영인 진鎭과 보堡가 50여

년 간 지속적으로 건설된 결과, 강화도는 민간 마을보다는 군사시설과 행정시설의 밀도가 매우 높은 요새형 성곽도시로 변모되었다. 오늘날의 군부대인 진과 보 안에는 무기를 보관하는 창고와 요새를 지키는 군인 숙소가 마련되었고, 군량미를 비축하는 창고가 세워졌다. 진과 보 부근의 해안가 요새지에는 돈대라는 특수 군사시설이 들어서 독특한 경관을 이루었고, 이 가운데 동쪽 해안가에 세운 돈대들은 다시 외성으로 연결되어 돈대를 벌려 세운 장성 같은 모습을 갖추었다.[7]

그렇다면 돈대 형식은 어디에서 온 것일까. 돈대는 원래 명나라 장수 척계광戚繼光이 쓴 병서 『기효신서』에 '돈후'라고 나오는데, 적이 나타나는 것을 사전에 경고하기 위해 해변 등 10리 기준으로 설치하도록 한 적을 관찰하기 위한 독립된 척후시설이다. 평균 5명의 군사가 경계를 서도록 규정되어 있다. 돈대 축조를 논의하는 과정에서 중국 변경의 군사를 다루는 정장제도나 정보를 전달하는 연대제도가 언급되어 있는 것을 근거로, 중국 요동지방 축성에 대한 연구와 돈대를 모방했을 것으로 추정한다. 임진왜란을 겪으면서 명나라 장수들로부터 요동 방면의 방어책에 대한 실질적인 지식을 접하고 아울러 충고를 받았던 것에서 이같이 짐작할 수 있다. 그런데 숙종 때 돈대가 단순히 척후를 위한 시설로만 건설된 것은 아니다. 성을 공격하는 화포가 점차 중요한 무기로 인식되면서 성 밖의 주요 산봉우리 등을 적군이 점령하지 못하게 하려는 목적으로 설치되었다. 따라서 기존의 주요 산성에도 돈대가 축조되기 시작해 이후 전국 여러 곳에 건설되었다. 실제 비변사는 연안성의 경우 성곽을 다시 쌓을 때 연기로 정보를 전달하는 연대와 돈대의 제도를 적용하도록 건의 했고, 왜란이 끝난 뒤 명나라 신종(1572~1620)이 보낸 칙서에도 돈대를 명나라 법대로 설치하도록 조선 조정에 권유하는 내용이 실려 있어서 주목된다.[8]

돈대의 기원은 요동의 돈후

이러한 돈대 건설을 가장 먼저 제안한 문서가 조선왕조실록에 기록되었는지 찾아보았다. 1469년 예종 때부터 돈대가 등장하는데, 이는 주로 요동의 상황을 전달할 때이다. 이때의 돈대는 전형적인 정보 전달용이었다. 그러다 조선에 돈대 설치를 제안하는 이가 나타났는데 바로 명나라 사신 감군 황손무黃孫武이다. 그가 인조에게 전달한 내용은 『인조실록』 33권, 1636년인 인조 14년 10월 24일 을미 두 번째 기사에 "황 감군이 국경 수비문제와 어진 신하가 없다는 내용의 회첩을 하다"라는 제목으로 실려 있다. 여기에 돈대 이야기가 나온다.

황 감군은 명나라로 돌아가는 길에 회첩을 보냈다. "당초 안주에 배를 띄워 속히 섬으로 돌아오려고 생각했던 것은 주달하기 편리함 때문이었는데 바람과 조수에 막혀 3일 동안에 겨우 30리밖에 갈 수 없어서 부득이 언덕으로 올라서 육지로 행하여 이틀 밤낮을 포복하여 초2일에 섬에 당도하였소이다. 연도의 비좁고 험악함은 복병을 매복하고 기계를 베풀 만하며, 더구나 두어 갈래의 긴 강과 천연적인 요새지는 하늘이 현왕에게 보장을 주신 것이오. 이런 시기를 틈타 장수를 선발하고 병졸을 훈련시켜 30리마다 정장과 돈대를 하나씩 세우고 병사를 뽑아서 나누어 지키며 화약과 총포, 투구, 갑옷, 기계를 단단하고 날카롭게 제조하면 노적이 감히 동쪽을 향하여 동정을 엿보지 못할 것이오." 그런데 황 감군은 이 같은 제안에 그치지 않고 조선의 지식인들을 꾸짖었다. "대체로 경학을 연구하는 것은 장차 이용利用을 제공하기 위한 것인데 정사를 맡겨도 통달하지 못하면 시 300편을 외워도 소용이 없는 것이오. 저는 귀국의 학사·대부가 송독하는 것이 무슨 책이며 경제經濟하는 것이 무슨 일인지 이해할 수가 없었소. 뜻도 모르고 웅얼거리고 의관이나 갖추고 영화를 누리고 있으니 국도를 건설하고 군현을 구획하며 군대를 강하게 만들고 세금을 경리하는 것을 왕의 신하 중 누가 처리할 수 있겠소. 임금은 있으나 신하가 없으니 몹시 탄식스럽소. 왕에게 지우를 받았으므로 변변치 못한 견해를 대략 전달하오니, 왕은 살피소서."

황손무가 꾸짖다

인조는 정묘호란을 겪고도 정신을 차리지 못하고 명나라에 대한 확고한 사대를 내세우며 청나라와 맺었던 화친을 깨뜨렸다. 그러면서 그는 "일찍이 임진년에 전쟁을 한 도요토미는 망했고 화친한 도쿠가와는 잘나가고 있다"라고 하며 후금(청나라)의 2대 황제 홍타이지를 면박했다. 이에 대한 결과가 어떠했는지는 곧 병자호란이 증명하고 있다. 황손무의 눈에 조선은 왕은 있는데 제대로 된 신하가 없었다. 성리학의 원조들이 보아도 조선의 관료와 선비들은 뜻도 모르며 중얼대는 앵무새들에 불과했다. 황손무는 명나라에 사대하고 청나라와 대치해도 "늘 외교를 열고 정보를 탐색하고 전면전을 벌이지 말라"고 충고했지만 조정 신료들뿐 아니라 인조조차도 그의 말을 귀담아듣지 않았다. 제대로 된 신하만 없는 것이 아니라 제대로 된 왕도 없었던 것이다. 무능력하고 사대적인 공상만을 일삼는 왕과 신하들 탓에 조선의 시간은 거꾸로 흘러갔다.

멀리 보이는 제승돈대는 대부분 삭토된 상태로 일제강점기 초까지는 돈대의 면석이 남아 있었으나 옥포제방이 수해를 입어 붕괴되었을 당시 제승돈대와 망해돈대의 면석을 배로 운반해 제방을 쌓아 원래의 모습을 완전히 상실했다. 지금은 군부대로 사용되고 있다.

제승돈대로 들어가는 도로 앞. 군부대라 아무나 들어갈 수 없다. 제승돈대는 용정리 양능 마을 동쪽의 나지막한 산자락 해안가에 자리하고 있다. 북쪽으로는 월곶돈대, 남쪽으로는 염주돈대가 있다. 현재는 석재가 대부분 유실되어 원형의 모습을 찾아볼 수 없지만 토축의 흔적에 의하면 평면은 말각방형 형태로 동서 27미터, 남북 28미터이며, 흘러내린 토벽의 두께는 6.3미터이다.

망해돈대 안에 세워진 해병대의 벙커. 원래 이 돈대의 용도는 강화 외성 내의 수로 측면에
위치하고 있으므로 수로를 통해 침입하는 외적을 방어하기 위한 것으로 추정된다.

망해돈대의 평면 형태는 원형에 가깝고 지름은 약 40미터이다. 이 일대는 가시덩굴이 무성하게 자라 접근이 어려운 상태이다. 망해돈대 또한 옥포제방 축조 때 이곳의 면석을 이용해 석부재는 확인할 수 없으며, 토축의 흔적으로 대강의 윤곽을 확인할 수 있을 뿐이다. 그 일부 또한 인공 시설물에 의해 훼손된 상태이다.

강도몽유록의 여인 세상

|

강화8경 중 하나인 연미정과 월곶돈대, 옥창돈대
연미정은 정말 정묘호란의 조약 장소였을까?
병자호란 후 쓰인 강도몽유록의 세계

강화도에는 8경이라는 것이 있다. 흔히 떠올리는 마니산이나 전등사도 있지만 다녀보니 으뜸은 단연 연미정燕尾亭이다. 얼마 전까지 연미정 바로 앞이 민통선 구역이라 출입이 자유롭지 못했다. 하지만 민통선이 북쪽으로 이동하면서 지금은 마을버스를 타고도 얼마든지 답사가 가능해졌다. 연미정은 월곶진 주변에 세워진 정자로 고려시대의 유적이다. 이곳이 절경인 이유는 한강과 임진강이 합류하는 파노라마 풍경이 눈앞에 펼쳐진다는 점 때문일 것이다. 물길 하나는 서해로 흐르고 또다른 하나는 갑곶 앞을 지나 인천으로 흐르는 염하가 되어 마치 제비꼬리와 같다고 하여 연미정이라는 이름이 붙여졌다. 연미정 북쪽으로는 북한의 개풍군과 파주가 보이고, 동쪽으로는 김포가 보인다. 지금은 찾아볼 수 없지만 이곳 월곶에는 큰 포구가 있어 서해에서 들어오는 배들이 잠시 머물다가 만조 때 한강을 거슬러 서울로 이동했다고 한다. 월곶은 서울과 연백 그리고 인천을 잇는 해상 교통의 요충지인 셈이었다.

버스에서 내려 바로 언덕을 오르면 연미정에 이른다. 아니 이곳은 월곶돈대月串墩臺이기도 하다. 연미정은 월곶돈대 안에 자리하고 있다. 돈대의 홍예문을 지나면 2그루의 느티나무가 정자 양쪽에 웅장하게 서 있다. 족히 500년은 되었다고 한다. 돈대 안은 넓은 타원형을 이루고 있으며, 동벽과 남벽은 훼손된 상태로 성가퀴라 불리는 여장은 사라졌지만 곧게 쌓아올린 육중한 돌들이 온전히 남아 있다. 잠시 쉴 겸 연미정 대청마루에 앉으니 시원한 바람이 불어왔다.

연미정은 높은 주초석 위에 세워져 있는데 정면 3칸, 측면 2칸 총 6칸의 제법 큰 정자로 지붕은 하늘로 치켜세운 팔작지붕이다. 고려 고종 때 시랑 이종주李宗冑에게 명해 공부하는 구재생도九齋生徒를 이곳에 모아놓고 하과(여름철에 50일 동안 절 등에 들어가 공부하던 일)를 실시해 55명을 뽑았다는 기록이 있다. 공부할 만한 명당이란 뜻이다. 창원 사람인 황형黃衡이 1510년 삼포왜란 때 전라좌도방어사로 큰 공을 세워 이곳 연미정을 하사받고 근처 동네 월곶리에 봉해졌다. 지금도 돈대 근처에는 황씨들이 살고 있다. 연미정과 월곶돈대는 이들 황씨 문중의 재산이다. 돈대를 축조한 숙종도 이 사실을 알고 있었는지 건축 당시 황씨 자손들에게 양해를 구했다고도 한다.

연미정과 월곶돈대는 한몸

"조선 국왕은 지금 정묘년 모월 모일에 금국金國과 더불어 맹약을 한다. 우리 두 나라가 이미 화친을 결정하였으니 이후로는 서로 맹약을 준수하여 각각 자기 나라를 지키도록 하고 잡다한 일로 다투거나 도리에 어긋나는 일을 요구하지 않기로 한다. 만약 우리나라가 금국을 적대시하여 화친을 위배하고 군사를 일으켜 침범한다면 하늘이 재앙을 내릴 것이며, 만약 금국이 불량한 마음을 품고서 화친을 위배하고 군사를 일으켜 침범한다면 역시 하늘이 앙화를 내릴 것이니, 두 나라 군신은 각각 신의를 지켜 함께 태평을 누리도록 할 것이다. 천지 산천의 신명은 이 맹약을 살펴 들으소서."[9] 이 맹약 선언문은 1627년(인조 5) 3월 3일 강화도에서 있었던 정묘호란의 결과이다. 그리고 후금(청나라)의 사신 유해劉海와 조선의 이행원李行遠이 흑우와 백마의 피와 골을 마셨다. 이로써 후금과 조선은 형제의 의를 맺게 되었다. 명나라를 사대하던 조선으로서는 도저히 참을 수 없는 치욕이었다. 하지만 임진왜란을 치르고도 조선은 후금의 상대가 되지 못했다. 이날의 행사를 좀더 소상히 살펴보자. "이날 밤 상이 대청에 나가 향을 피우고 하늘에 고하는 예를 몸소 행하였다. 예를 마치고 상은 환궁하고 오윤겸 등이 사신 유해와 함께 서단에 이르렀다. 호인들이 소와 말을 잡아 혈골을 그릇에 담았다. 이행원이 맹세문을 낭독하였다. 남목태(南木太, 후금 사신) 등도 맹세하였다. 맹세하는 절차를 마치자 접대하는 재신들이 유해를 성 밖에서 전송하였다."[10]

만주족이 후금을 건국한 것은 1616년으로, 광해군 재위 때는 중립외교를 펼쳐 별다른 마찰이 없었지만 인조반정으로 왕위에 오른 인조는 배금정책과 가도의 모문룡 지원으로 갈등을 유발했다. 후금 역시 명나라를 공격하기 위해서는 전쟁 자원은 물론 조선과 같이 배후에 있는 세력을 정리할 필요가 있었다. 마침 조선에서 난을 일으킨 이괄의 잔당들이 후금으로 달아나 조선 침입을 종용하니 후금의 태종은 정묘호란을 일으켰다.

1627년 1월 후금의 장수 아민阿敏이 이끄는 3만의 기병은 강홍립姜弘立 등 항복한 조선인들을 선봉에 세워 전광석화처럼 한양을 향해 진격해왔다. 조선군이 평산과 개성에서 번번이 패하자 인조는 조신朝臣들을 거느리고 강화로, 소현세자는 진주로 피란했다. 하지만 전열을 가다듬은 조선군이 퇴로를 막자 후금은 부장 유해를 강화도로 보내 명나라의 연호 '천계'를 쓰지 말 것, 왕자를 인질로 할 것 등의 조건으로 화의를 교섭하게 했다. 이에 양측은 첫째, 화약 후 후금군은 즉시 철병할 것 둘째, 후금군은 철병 후 다시 압록강을 넘지 말 것 셋째, 양국은 형제국으로 정할 것 넷째, 조선은 후금과 화약을 맺되 명나라와 적대하지 않을 것 등을 조건으로 정묘조약을 맺고 조선은 원창군原昌君을 인질로 보냈다. 이에 후금군은 철수를 하면서 황해도 등에서 약탈과 살육을 일삼고 수많은 피로인被虜人들을 끌고 갔다. 단기간에 끝난 전쟁이었지만 조선의 피해는 막대했다.

연미정에서 맺은 정묘호란의 화의조약

지금까지 우리 역사는 연미정에서 화친조약을 맺었다고 여겨왔다. 연미정은 분명 국가적인 조약식을 하기에 그럴듯한 장소이기는 하다. 하지만 연미정의 풍경이 너무 아름답기 때문에 그 엄숙함과 비극성은 매우 낭만적이 되어버린다. 그 때문인지 모두가 그렇게 생각하는 것은 아닌 듯하다. 강화역사문화연구소 이경수 연구원은 "조약을 맺은 장소가 연미정이라고 알려주는 사료는 찾을 수가 없다. 그러면 그 장소는 어디인가? 지금의 강화 읍내, 고려궁지와 그 주변에서 조약을 체결한 것 같다"고 이야기한다. 인조가 향을 피운 대청마루는 어느 건물의 마루였을까? 이경수씨는 이형상李衡祥의『강도지江都志』(1696)에 본부의 대청이라는 기록이 나온다고 했는데 본부는 강화도호부를 의미한다. 또한『강도지』에 맹세의 단을 설치한 장소가 서교西郊라고 나오는데, 이는 본부를 중심으로 서쪽 외곽이라는 의미이다. 이긍익李肯翊은『연려실기술燃藜室記述』에서 단을 쌓은 장소가 서문 밖이라고 기록했다. 그렇다면 후금과 화친조약을 맺은 장소는 지금의 강화 읍내가 되는 셈이다.

인조는 조약을 맺은 지 한 달여 후 후금과의 화친 사실을 명나라에 알렸는데 실록에는 맹약의 장소가 강화도의 부로 되어 있다. 이처럼 이경수씨의 분석에 따르면 이곳 연미정에서 조약이 이루어진 것 같지는 않다. 그렇다면 왜 그런 믿음이 생겨난 것일까? 그것은 조선 대표와 후금 사신들이 연미정에서 예비회담을 가졌기 때문이다. 유해는 화친하게 되면 조선에 피해를 주지 않고 물러가겠다는 맹세의 글을 연미정에서 올리기도 했다. 이러한 실록의 기록들로 인해 연미정이 화친조약을 맺은 곳으로 잘못 알려지게 된 것 같다고 한다.『연려실기술』에 병조판서 이정귀 등이 연미정에서 조약을 맺은 것처럼 보이는 내용이 있으나 이 역시 예비회담으로 보는 것이 적절하다는 것이 이경수씨의 생각이다. 그런데 내 생각에 강화도에 들어서지 못한 후금이 배를 통해 지금은 없어진 월곶포구로 들어와 회담하기 좋은 장소를 찾았다면 연미정 역시 좋은 장소인 듯하다. 맹약의 장소가 어디였는지 지금으로서는 명확하지 않다.

병자호란은 정묘호란과 달랐다. 강화도는 청나라군에 함락되었고 많은 것을 약탈당했다. 그리고 수많은 사람들이 칼에 맞아 죽거나 스스로 목숨을 끊었다. 모두 충절과 정절을 지키기 위해 죽어갔다. 하지만 그 와중에도 자신의 목숨을 부지하기 위해 처자식을 버리고 달아난 자와 주군을 버리고 달아난 자 또한 부지기수였다. 그 결과 청나라군이 물러간 강화도에는 여기저기 시체가 나뒹굴었지만 어느 누구 하나 이들의 장례를 치러주는 이가 없었다. 이때 연미정을 배경으로 조선 후기 전쟁 소설의 백미인 『강도몽유록江都夢遊錄』이 나왔다. 소설의 첫 대목은 다음과 같다.

적멸사에는 청허라 하는 한 이름 높은 선사가 살고 있었다. 그는 천성이 어질었고 마음 또한 착했다. 추운 사람을 만나면 입었던 옷을 벗어주었다. 배고픈 사람을 보면 먹던 밥도 몽땅 주어버렸다. 이래서 사람들이 그를 일러, '추운 겨울의 봄바람'이라거나 '어두운 밤의 태양'이라거나 하고 우러러 받들었다. 그런데 국운은 나날이 쇠퇴하였고, 호적이 침입하여 팔도강산을 짓밟았다. 상감은 난을 피하여 고성에 갇혔고, 불쌍한 백성들은 태반이 적의 칼에 원혼이 되었다. 이런 와중에서도 저 강도의 침상은 더욱 처절했다. 시신의 피는 냇물처럼 흘렀고, 백골이 산더미처럼 쌓였다. 까마귀가 사정없이 달려들어 시신을 파먹었으나 장사지낼 사람이 없었다. 오직 청허선사만이 이를 슬프게 여겼다. 선사는 몸소 시신을 거두어 묻어주려고 했다. 그는 손으로 버들가지를 잡아 도술을 부렸다. 넓은 강물을 날아 건넜다. 강

건너 인가가 황폐하여 어디 몸을 의탁할 곳이 없었다. 이에 선사는 연미정 남쪽 기슭에다 풀을 베어 움막을 엮었다. 그는 움막에서 침식하며 법사를 베풀었다.[11]

『강도몽유록』에 등장하는 여인들의 한

청허는 어느 날 꿈에서 병자호란 당시 강화도에서 죽은 열다섯 여인의 혼령이 한곳에 모여 울분을 토로하는 광경을 엿보게 되었다. 그런데 그 모습이 필설로는 다할 수 없을 정도로 끔찍했다. "어떤 사람은 두어 발이 넘는 노끈으로 머리를 묶기도 했고, 또다른 이는 자가 넘는 시퍼런 칼날이, 시뻘건 선지피가 엉긴 채 뼈에 박혀 있었다. 또 머리통이 박살났는가 하면, 물을 잔뜩 들이켜 배가 불룩한 사람도 숱했다. 이 끔찍스러운 참상은 두 눈 뜨고는 차마 볼 수 없었고, 날카로운 붓으로도 낱낱이 기록할 수 없는 생지옥이었다."

청허는 그들의 이야기를 엿들었다. 한 여자가 먼저 나서 이야기했다. "얼굴은 뭉개지고 해골은 깨어져 온몸에 피가 낭자했다. 그 참혹한 모습은 다른 사람들보다 더욱이나 끔찍했다. 눈물을 주체하지 못하면서 말했다. '나는 그때 마니산 바위 속에 숨었었지요. 그러나 바위굴이 깊지 못해 곧 적에게 발각되었어요. 사람이 위를 버리고 살기에만 급급함은 차라리 한 번 죽느니만 못합니다. 절벽에 투신하여 백골이 진토가 되었으니, 이것은 마음으로나마 만족스러운 처사였습니다. 조금도 한이 되는 바가 없습니다. 하오나 애닯도다. 어찌하여 낭군은 난세에 처하여 시세를 살피지 못했을까? 헛되이 서울에만 머물다가 전쟁이 터지니 강도에 들어왔지요. 높은 자리에 앉은 분들과 함께 불에 뛰어든 부나비처럼 되었으니 이것이 슬프옵니다. 젊은 청운에 올라 오래도록 부귀를 누린 자는 사직이 망할 때 절사함이 마땅한 일이오나, 불쌍한 우리 낭군은 벼슬 하나 얻지 못해 아무런 국은도 입음이 없이 해외의 위경에서 그 귀중한 목숨을 잃었으니 슬프고 애닯기 그지없습니다.'"[12]

이 여인은 강화로 피난을 왔던 선비 송순宋純의 아내 유씨였다. 비단 유씨뿐만 아니라 이 소설에 등장하는 여인들의 다수가 실존 인물들이다. 김류金瑬의 아내와 며느리 정씨, 성문을 열어주고 도망간 윤방尹昉의 첩, 전투에 패하고 도망간 장신張紳의 며느리, 윤단尹搏의 아내와 강홍립의 아내 등 실명의 여인이 여덟이나 된다. 아마도 나머지 여인들도 실존했으나 기록이 없어 우리가 모를 뿐일 것이다.

연미정의 500년 된 느티나무 부러지다

『강도몽유록』에 등장하는 15명의 여인들은 크게 세 부류로 나눌 수 있다. 전쟁중에 허무하게 죽은 것을 한탄하는 여인들, 전쟁에 임하여 관료로서의 책무와 인간적인 본분을 다하지 못한 남편·자식·시아버지의 행위를 비난하는 여인들, 척화를 주장한 공로로 자신들이 하늘세계에서 선녀로 있게 된 것을 자부하는 여인들이다. 그런데 이 몽유록의 특징은 꿈속의 이상세계를 그린 여타의 작품과 달리 전쟁에 처한 현실세계에서 인간들의 모순을 날카롭게 지적하며 비판하고 있다는 점이다. 특히 인조반정의 공신세력이 그 대상인데 광해군을 몰아낸 뒤 무엇이 바뀌었느냐는 것이다. 공신들의 인사문제, 군의 사적인 소유, 백성의 재물을 빼앗는 행위, 화의론을 내세워 임금이 치욕을 당하게 한 행위가 그것이다. 특이하다면 이러한 비난이 여인들에게서 나왔다는 점이다. 또한 여인들이 남자들보다 대의와 정절에 더 목소리를 높였다는 것이다. 어찌 보면 그 여인들이 대의와 정절의 희생자였던 것이 더 비극적이었는지도 모를 일이다.

월곶돈대는 한강 진입구에 위치하고 있으며 유도留島와 마주하고 있다. 남쪽으로는 염하와
연결되고, 북쪽으로는 조강을 통해 서해로 진출할 수 있다. 50년 전까지만 해도 매우 번성
한 포구였다고 한다. 이 월곶포구는 동쪽으로 서울, 남쪽으로 인천, 서북쪽으로 연백 등지
로 오갈 수 있는 요지 중의 요지였다.

월곶돈대 아래의 해병대 초소. 월곶리 해안 고지에 위치하고 있다. 이곳은 과거 월곶포구
가 있던 해상로의 요충지이기도 하며, 돈대의 서쪽에는 황형의 집터가 있다. 돈대의 평면 형
태는 타원형을 이루고 있으며, 규모는 동서 폭 47미터, 남북 폭 38미터이다. 돈대 내부에는
동남쪽으로 치우친 곳에 연미정이 있고, 서쪽의 중앙부에는 홍예문이 있다. 성체는 동벽
약 30미터, 남벽 약 5미터 정도 구간이 훼손된 상태이지만, 높이 1.5미터 내외의 바른층쌓
기를 한 육축부가 온전히 남아 있다.

연미정의 서쪽에는 "故功臣莊武公黃衡"이라고 적힌 황형의 비가 있다. 월곶돈대는 1679년 (숙종 5) 윤이제가 정비한 돈대이다.

옥창리의 옥수수밭. 옥창돈대는 민가 후원에서 돈대의 하단부만 확인되었다. 형태는 약 45미터 길이에 3단 높이로 현존하는 완만한 곡선의 석벽이다. 이 돈대는 경지 확장으로 인해 멸실된 듯하다. 이 돈대 역시 망해돈대와 마찬가지로 외성의 내부 수로 측면에 축조되어 있었던 것으로 추정된다.

조선의 북벌론 실체

|

갑곶돈대는 본모습과는 관계없는 상상의 조형물
사라진 염주돈대의 허망함
병자호란으로 치욕당한 효종의 북벌의 의지
송시열의 북벌은 왕을 견제하고 성리학을 완성하는 것

강화대교를 건너며 바라보는 늦은 오후의 염하는 햇빛을 받아
물비늘이 반짝였다. 다리를 건너 버스에서 내렸다. 길을 건너 염하
를 따라 왼쪽으로 내려가면 옛 강화교가 나온다. 지금은 사용하지
않고 재활용 계획도 없는 그저 버려진 다리이다. 하지만 교각 아래
에 그물이 펼쳐 있는 것은 혹시나 북한의 잠수정을 건져볼까 하는
것이니 완전히 무용은 아닌 듯하다. 강화역사관을 지나자 갑곶돈대
甲串墩臺가 나타났다. 당시 사용하던 화포인 불랑기佛狼機와 소포가 하
나씩 놓인 10평 남짓한 작은 공간이다. 이곳이 강화도 54돈대의 첫
출발지이다. 사실 모든 돈대 연구자들이나 전쟁사가들도 이곳 갑곶
돈대에서부터 여정을 시작한다. 갑甲이라 그런 것일까? 시계방향이
나 반시계방향으로 돈대를 소개할 때 갑곶돈대를 출발지로 삼는다.
돈대는 시계 분침의 눈금처럼 강화도를 둘러싸고 있다.

갑곶돈대는 병자호란 이후 강화도에 설치된 12개의 진과 보 사
이에 쌓은 54개 돈대 중 하나이다. 1679년(숙종 5) 통진에서 강화도

로 들어가는 가장 큰 갑곶나루 위에 건설했다. 완공되었을 당시만 해도 돈대의 둘레가 100미터를 넘었던 것으로 추정된다. 1875년(고종 12)에는 큰 포대가 설치될 정도의 규모로 지금처럼 이렇게 좁은 곳이 아니었다. 이듬해 일본 전권대사 구로다 기요타카黑田清隆가 6척의 함선을 이끌고 갑곶으로 들어와 강화도조약을 강요했다. 이곳은 근대가 시작되었던 장소이기도 하다. 이후 식민과 함께 방치된 돈대는 세월과 함께 허물어져갔다.

초라한 1번, 갑곶돈대

지금까지 수집한 과거의 사진자료를 찾아보아도 1965년 이전의 갑곶돈대 모습을 알 수가 없다. 아마도 돈대는 세월에 무너져내려 돌덩어리들이 나루 주변으로 흩어졌을 것으로 생각된다. 바로 이해 강화도 주민들의 숙원이었던 강화교 건설이 시작되었다. 당시 사회적 분위기로 볼 때 문화재에 대한 인식이 일천했다고 하더라도 정부는 대교 건설을 핑계로 돈대를 흔적도 없이 제거해버렸다. 1970년 강화교 개통식 무렵 갑곶돈대와 주변의 유적은 완전히 사라졌다. 그런데 1976년 갑자기 강화도 유적 복원사업 열풍이 불었다. 그 결과 외세에 저항한 위대한 성지 강화도로 거듭나게 되었다. 박정희가 1972년부터 추진한 핵무기 개발이 미국의 반대에 부딪히자 그는 자주국방을 내세웠다. 친미적인 정권이 '항미'를 주장하는 아이러니한 상황이 발생한 것이다. 정부는 미군이 일으킨 신미양요의 전적지 중심으로 유적들을 속전속결로 복원했다. 그런데 갑곶돈대는 자리마저 사라져버린 터라 외성의 일부였던 치(돌출 부분)를 만들어 갑곶돈대라고 불렀다. 현재 갑곶돈대라고 불리는 곳은 사실 본래의 모습과는 전혀 관계없는 상상의 조형물인 셈이다.

천천히 돈대 아래로 내려가보았다. 물이 빠진 염하는 갯벌을 드러냈다. 오젓용 새우를 잡는 계절이라 곳곳에 새우잡이 배들이 자빠져 있었다. 주변의 낡은 철조망과 경고 방송용 확성기가 녹슬어가고 있었다. 전에는 군이 사용하던 시설이었지만 지금은 민통선이 갑곶 위로 북상해 경계를 이루고 있다. 갯벌에서 올려다본 갑곶돈대는 초라했고, 쌓은 돌의 정신은 박정희의 유신정신이었으며 게다가 급조되어 경직되었다. 돈대를 디자인한 숙종 때의 문인 식암息庵 김석주金錫胄가 이 모습을 보았다면 필시 크게 화를 냈으리라. 염하 건너편으로는 문수산성이 눈에 들어왔는데, 병자호란 때 청나라의 화석예친왕 아이신기오로 도르곤愛新覺羅 多爾袞이 저곳 어디쯤에서 홍이포로 갑곶진을 공격했다. 염하가 있어 안전할 것이라는 기대와는 달리 홍이포는 갑곶의 조선군 진중으로 날아들었다. 인조는 남한산성으로 피신했고 강화도에는 아들 봉림대군이 머물렀다. 봉림대군과 조선군은 나아가 맞서 싸워보려고 했지만 전투는 한 식경도 안 되어 끝이 났다. 강화도는 곧 청나라군에 유린되었다. 이후 북벌은 병자호란 후 청나라에 인질로 잡혀간 봉림대군(효종) 필생의 숙원사업이 되었다.

병자호란의 현장 갑곶

북벌론은 임진왜란으로 거슬러올라가야 한다. 당시 명나라는 국운이 기울었지만 조선에 20만 명의 대군과 은 900만 냥의 자금을 쏟아부었다. "조선은 임진왜란 때에 명에 대해 재조지은을 입었기 때문에 명에 대한 의리를 저버릴 수가 없었고, 오랑캐로 여기던 (후금) 여진족에게 굴복한다는 것은 명에 대한 배신이며 소중화라는 문화적 자긍심에도 손상이 가는 일이었다."[13] 재조지은은 조선을 다시 일으키게 해준 은혜라는 뜻이다. 아마 성리학자들은 의리상 배신하기 힘들었을 것이다. 그런데 요동(만주)에 신흥강국으로 떠오른 후금의 군사력은 이미 조선을 뛰어넘은 상태였다.

인조반정 세력은 광해군을 몰아내고 명나라를 사대하고 후금을 배척했다. 그것이 스스로 화를 불러왔다. 그 결과 병자호란의 피해는 상상을 초월할 정도로 컸다. 하지만 조선은 변하지 않았다. 지식 관료인 유림들은 초토화된 국가를 재건하는 데 동참하기보다는 오랑캐에게 머리를 숙인 조정이라며 나아가지 않았다. 인조의 뒤를 이은 효종의 문제가 여기 있었다. 나라 살림은 피폐하고 인재도 찾을 수 없었다. 게다가 자신의 형인 소현세자의 의문스러운 죽음과 조카들의 유배 및 죽음 속에서 왕위에 오른 효종은 정통성마저 약했다. 효종에게는 이것을 해결할 방책이 필요했고 그것이 바로 북벌론이었다.

효종 원년 응교 조빈趙贇이 상소하기를 "복수하여 수치를 씻는 것이 참으로 선왕의 훌륭한 뜻이었으나 더불어 일을 도모할 만한 사람이 없어서 끝내 그 뜻을 펴지 못하셨으니, 어찌 오늘날 마땅히 유넘해야 할 바가 아니겠습니까. 현재 새기는 옥책과 지석은 곧 종묘에서 백세토록 전할 물건이고 현택에 영원토록 소장할 물건이니, 지금만약 한번 그르치게 되면 후회해도 소용없는 일입니다. 신이 바라고자 하는 바는 성명께서 두려운 마음으로 깨달으시어 유사에게 특별히 명하여 연호를 아울러 쓰지 못하게 하고, 모든 상장의 제축도 연일만을 사용하게 하여 선왕 생전의 그 마음을 드러내는 것입니다"라고 하며 명나라에 대한 의리를 재확인했다.

이에 효종은 군비 확충 및 북벌을 위해서는 무신의 역할이 중요함을 인식하고 있었다. 그는 특히 무관이 문관에게 멸시받는 세태를 탄식했다. "정축년의 일을 볼 것 같으면 패인은 군사가 정하지 않은 것이 아니라 실로 훌륭한 장수가 없었기 때문이었다. 문관은 문을 숭상하여야 하고, 무관은 무를 숭상하여야 국가가 취하는 바가 어긋나지 않는 것인데, 오늘날 그렇지 못하여 문관이 무관처럼 생긴 사람은 의례히 경멸함을 받고, 무관은 서생처럼 되어야 세상에 용납을 받게 되었다. 만일 무관이 말달리기를 좋아하면 사람들은 반드시 광패하다고 지목하니, 이와 같은 습관은 참으로 부끄럽다." 그는 정말 전쟁을 통한 북벌을 준비했던 것일까?

왕과 신하가 달랐던 북벌론

요즘 역사학자들 중 북벌론이 청나라를 목표로 한 실질적인 정책이었다고 생각하는 사람은 거의 없다. 왜일까? 병자호란으로 해체된 군을 재정비하고, 축성을 하면서 기강을 바로잡고 대동법을 통해 백성의 살림을 복구하는 것, 그리고 오랑캐에게 머리를 숙였다며 칩거하는 산림들에게 북벌의 명분을 주어 중앙으로 나오게 하는 것이 효종의 실제 목표였다. 북벌은 명분에 불과했다. 그런데 효종의 북벌론과 비슷하지만 그 속내가 달랐던 재야 사대부, 즉 산림의 대표인 우암 송시열의 북벌론은 왕권을 노골적으로 견제하고 성리학적인 이념을 구현해 사림정치를 완성하는 것이었다. 「기축봉사己丑封事」에서 드러난 송시열의 북벌론 성격은 춘추대의春秋大義에 근거하고 있다. "공자가 『춘추』를 지어 대일통의 의리를 천하 후세에 밝힌 뒤로 혈기가 있는 부류라면 모두 중국은 존중해야 하고 이적은 추하게 여겨야 할 것임을 알았습니다."[14] 송시열은 "주자의 말을 인용하여 '중원의 오랑캐는 쫓아내기 쉬우나 한 몸의 사의는 제거하기 어려우니, 효종께서 마음을 바르게 하고 사욕을 극복하여 정사를 수행한다면 공효를 이룰 수 있다' 하면서, 참으로 회복에 뜻을 둔 자는 칼을 어루만지고 손바닥을 치는 일에 신경쓰지 않아야 함"[15]을 역설하였다.

서인이었던 우의정 김육金堉은 효종이 북벌을 주장하면 송시열의 이야기를 들어 "반대이옵니다"를 외쳤다. 결국 사대부들에게 북벌론은 실질적인 무력을 동반한 북벌이 아닌 국내 안정화정책이었던 것이다. 그렇다면 청나라의 생각은 어떠했을까? 성곽 보수와 같은 대규모 공사를 번번이 실시해 청나라 사신이 상당한 의심을 했다고 하지만 정말 그들은 북벌론을 모르고 있었을까? 전혀 그렇지 않다. 청나라는 알면서도 모른 척했을 뿐이다. 조선 사대부들의 북벌론이 기실 자신들을 향한 것이 아니라 조선 내부를 향하고 있었다는 것을 이미 알고 있었기 때문이다.

그런데 숙종 초의 북벌론은 효종 때에 비하면 왕과 신하들 모두에게 매우 현실적인 문제가 되었다. 마침 중원에서 '삼번의 난'이 일어나고 대만을 장악한 정금鄭錦의 서해안 출몰설까지 돌면서 지금이야말로 북벌을 감행할 수 있는 때가 아닌가라는 생각이 남인의 윤휴尹鑴와 허적許積 등 일부 사대부들 사이에서 광범위하게 퍼져나갔다. 게다가 숙종 초에 벌인 강화도 돈대와 같은 수많은 성곽 공사와 무과를 통한 병사 증강은 표면적으로는 이런 현상을 뒷받침했다. 어떤 이는 병권을 둘러싼 붕당간의 암투라고 하며, 어떤 이는 숙종 때의 북벌론도 효종 때와 마찬가지로 허구라고 이야기한다. 과연 숙종 때 북벌을 기획하고 실행했던 사람들은 누구이며, 어떤 일이 벌어진 것이었을까? 다만 우리가 기억해야 할 사실은 청나라의 황제가 병자호란 당시는 조선을 상당히 배려했던 홍타이지였지만, 숙종 때는 전쟁을 통해 청나라를 중국 역사상 가장 넓게 확장한 철권의 강희제였다. 자칫 잘못하면 나라가 완전히 망할지도 모를 일이었다. 이 절체절명의 순간, 병자호란이라는 치욕과 북벌이라는 설욕 사이에서 탄생한 것이 바로 돈대이다.

갑곶돈대는 원래 옛 강화교 입구 부근에 있었던 것으로 추측된다. 주변에 면석으로 추정되는 석재가 간간이 보인다. 이 돈대 하부는 암반으로 되어 있어 돈대 설치에 매우 좋은 조건을 가지고 있다. 북쪽으로는 갑곶나루가 위치하고 있어서 김포의 문수산성과 이어지는 통로로 활용되었으나 현재는 그 자취를 찾아볼 수 없다.

갑곶돈대 아래의 갯벌과 철조망. 병인양요와 신미양요의 격전지로 1976년 현재와 같은 모습으로 정비되었다. 2000년 육군박물관의 「강화도의 국방유적」 보고서에 따르면 갑곶돈대의 위치는 현재의 옛 강화교 입구 부근에 해당한다고 한다.

염주돈대金珠墩臺 터에서 발견한 면석. 돈대의 평면은 장방형으로 윤곽이 뚜렷하고 장방형 석재가 일부 노출되어 있으며, 문지 흔적이 보인다. 이 돈대는 염하 쪽을 향하고 있는 당산의 경사면에 축조되었으며, 포좌 부근은 삭토되어 평면을 이루고 있다.

진해사鎭海寺. 돈대 축성을 위해 전국의 승려들을 이곳에 집결시켰다. 절은 바다 쪽으로 뻗은 양 능선 중에 북쪽 능선에 자리하고 있으며, 해안과 거의 맞닿아 있다. 이 절 위에 있는 염주돈대의 평면은 방형으로 남북 24미터, 동서 27.4미터이고, 4면에 걸쳐 잔존한 토축의 높이는 약 1미터 내외, 두께 3.5미터 내외이다. 수목이 우거져 입구 시설 및 포문, 내부 유구

의 확인은 불가능한 상태이지만 서쪽 중심에 문지가 있었던 것으로 추정된다. 포좌가 있었을 것으로 추정되는 동쪽은 삭토되어 얕은 토축의 흔적이 남아 있다. 이 돈대는 한국전쟁 당시 파괴되어 축조한 당시의 석재 및 시설은 현재 남아 있지 않지만 잔존한 토축으로 규모를 확인할 수 있다.

'영고탑 회귀설'이란 음모론

|

우뚝한 분오리돈대와 이름만 남기고 사라진 갈곶돈대

지도가 북벌의 중요 정보이다

『성경통지』를 둘러싼 정반대의 해석들

늦은 오후 강화도 최남단으로 향했다. 여름이 물러나는 8월 말이었지만 공기는 여전히 후텁지근했다. 버스 창문 밖으로 수풀이 우거진 풍경이 펼쳐졌다. 이제 우리나라는 온대가 아닌 아열대가 된 듯한데 지도상의 기후는 수정되어야 하지 않을까. 동막해수욕장에서 하차했다. 강화도 유일의 해수욕장으로 모래사장과 갯벌을 동시에 즐길 수 있는 곳이다. 마침 만조 시간인지 멀리서 밀물이 밀려오는 것이 보였다. 갯벌에서는 아이들이 얼굴에 펄을 묻히고는 재잘거리며 노는 소리가 들려왔다. 희미한 달의 중력이 점점 강해지니 이제 아이들이 갯벌에서 나올 시간이었다.

해수욕장 왼쪽으로 유난히 튀어나온 암반 절벽이 눈에 띄었다. 해안선에서 바다 쪽으로 돌출된 능선의 끝자락이라 주변을 조망하기에 그만인 곳이었다. 이 산꼭대기에 분오리돈대分五里墩臺가 있다. 가파른 길을 절반쯤 올라가면 큼직한 노점이 버티고 있는데 온갖 나물과 과일, 잡화를 팔고 있다. 노부부가 운영하고 있는데 이분들은 언제부터 이곳에서 장사를 했을까 문득 궁금해졌다. 물 한 병을 사며 물었더니 대충 "수십 년 됐어"라는 대답이 돌아왔다. 돈대 문을 지나니 안의 모습은 초승달 형태였다. 원래 식암 김석주가 설계할 때는 방형이었으나 정상부의 지형에 맞춰 쌓다보니 초승달 모양이 되었다. 내부는 둘레가 70미터가량이고, 바다 쪽으로 4구의 포대가 축조되어 있다. 원래 이곳은 돈대가 축조되기 전인 현종 때 강화유수 서필원이 포대를 설치했다는 기록이 있는 것으로 보아 매우 중요한 곳이었던 듯하다. 다른 돈대들이 진이나 보에 소속되었던 것과 달리 강화도 진무영에서 직접 관리하며 돈장까지 따로 두었다.

진무영 직할 분오리돈대

돈대 성벽에 올라 아래를 내려다보니 까마득한 절벽이었다. 먼 바다에서 불어오는 바람에 몸이 휘청하니 아찔했다. 이 돈대는 1980년대까지 30퍼센트 정도 성벽이 붕괴된 상태로 방치되어 있었다. 이것을 강화군이 1994년에 복원해 1999년에는 인천광역시 유형문화재 제36호로 지정했다. 돈대 중에서는 가장 높은 급의 문화재인 셈이다. 아래 해변까지 물이 차니 서서히 해가 지기 시작했다. 지도를 꺼내 멀리 풍경을 조망해보니 인천과 월미도까지 눈에 들어왔다. 전략적으로 매우 중요했던 곳이다. 이곳에 돈대가 세워지기 30년 전인 효종 때 조선과 청나라가 전략적으로 중요한 공간인 만주 일대(요동)의 지형을 놓고 한바탕 신경전을 벌인 일이 있다. 그 중심에 『성경통지盛京通志』에 수록된 지도 한 장이 있었다. 흔히 '영고탑 회귀설'이라 불리는 희대의 떡밥이 바로 이 지도에서 만들어졌다. 이 떡밥에 효종 때부터 숙종과 영조 시대까지 조선의 지식인들이 펄떡거렸다.

병자호란 이후 조선 조정과 사대부들은 명나라에 대한 의리와 청나라에 대한 복수심을 동시에 불태웠다. 효종 때 북벌론이 등장한 것도 이러한 이유에서이다. 복수를 위해서는 청나라에 대한 다양한 정보가 절실했다. 정보 유통이 매우 제한적이었지만 지식인들 사이에서 회자된 것이 바로 '영고탑 회귀설'이다. 영고탑은 현재 중국의 흑룡강성 영안시寧安市를 말하는데, 이곳은 청나라를 세운 누르하치의 조부 6형제가 거주하던 곳 중 하나이다. 회귀설이란 "청나라가 망하면 베이징과 심양을 거쳐 영고탑으로 돌아갈 텐데 몽골의 방해로 필히 압록강을 넘어 조선의 평안도와 함경도를 거쳐 영고탑으로 갈 것이다"라는 가설이다. 따라서 이를 사전에 대비해야 한다는 것이 영고탑 회귀설의 실체이다. 그런데 이것이 정말 근거 있는 설이었을까?

1680년(숙종 6) 영의정 허적이 김석주와 효종이 나눈 대화를 숙종에게 이야기한 대목이 있다. "효종께서 일찍이 말하시기를 '내가 어찌 가서 공격하려고 하지 않았겠는가? 그들이 패해서 돌아갈 때에 반드시 화를 받을 것을 두려워하기 때문이다' 하셨다. 어떤 사람이 그 이유를 청해 물으니, 효종께서 말씀하시기를, '이는 그 형세가 그렇게 된 것이다. 그들이 돌아가는 길에 반드시 몽골에게 저지를 당할 것이므로, 저들은 장차 의주로부터 양덕·맹산을 경유하여 함경도로 들어가서 그 본토로 향방을 바꾸어갈 것이다'고 하셨다."[16]

효종이 예언한 '영고탑 회귀설'

영고탑 회귀설이 기승을 부리던 시절은 숙종 때이다. 청나라가 북경에 입성한 후 '삼번의 난'이 일어나고 정세가 어수선하자 조선에서는 '청나라 100년설'이 제기되었다. 청나라의 운이 다했다는 조선인들의 기대심리였을 것이다. 그런데 숙종 시절 청나라의 강희제는 가장 어려운 숙적과 대결을 준비하고 있었다. 바로 몽골의 중가르 태극달자太極撻子였다. 이들은 강희제로서도 어려운 상대였지만 청나라는 3차에 걸친 원정으로 중가르를 제압했다. 그런데 이 소식이 조선에는 매우 혼란스러운 정국을 표현하는 유언비어(가짜 뉴스)가 되었다. 숙종 때 무너진 남한산성을 열심히 보수하고, 강화도에 돈대도 건설하며 만일의 사태에 대비했다. 이 2곳은 보장처라고 해서 왕이 피신할 수 있는 곳이었다.

지금의 현대 지도를 보면 청나라가 북경에서 심양을 거쳐 영고탑으로 돌아갈 때 조선을 거쳐야 한다는 것은 말이 되지 않는다. 지리상 그 같은 경로는 존재할 수 없기 때문이다. 그렇다면 당시 사람들의 지리적 정보가 잘못된 것이었을까? 그렇다. 당시 조선의 지도나 지리 감각은 실사구시한 것이 아니었다. 그래서 남구만南九萬은 큰 비용과 위험을 감수하고 청나라에서 최신 지도집인 『성경통지』를 입수한 뒤 이를 꼼꼼히 참고해 자신만의 지도인 「성경도盛京圖」를 그려 숙종에게 바쳤다. 또한 영고탑 회귀설은 근거가 없다고 덧붙이기도 했다. "신이 처음으로 거기에 기록된 역참과 길을 상고하여보니, 심양의 동북에서 오랄烏剌까지는 8백여 리며, 오랄의 동남에서 영고탑까지는 4백여 리인데, 이 길은 오랄을 거치도록 설치하였기 때문에 앞에는 북쪽을 향하게 하고 뒤에는 남쪽을 향하게 하여 매우 멀리 도는 듯하며, 합해서 계산해보면 그래도 1천 3백 리가 됩니다. 만약 심양에서 질러가는 길을 취하여 곧바로 동쪽으로 영고탑을 향하여 간다면, 또한 틀림없는 1천 리는 되겠지만 가깝기는 합니다. 설령 청나라 사람들이 정말로 급하게 돌아가야 할 일이 있었다면, 이러한 지역 내의 익숙한 가까운 길을 버려두고 다른 나라의 한 번도 지나가보지 않은 먼길을 빌린다는 것은 실제로 이치나 형세로 보아 반드시 없을 것입니다."[17]

하지만 소론 남구만과 대립하던 노론의 이이명李頤命은 『성경통지』를 전혀 다르게 해석해 회귀설은 근거가 있다고 주장했다. 이이명은 남구만이 「성경도」를 바친 9년 뒤인 1706년 「요계관방도」를 제작해 바쳤는데, 그 또한 『성경통지』를 활용했으며 「주승필람」, 「산동해방지도」 등의 다른 자료들도 첨가했다. 이이명은 차자를 올리면서 「요계관방도」를 제작한 목적을 설명했다. "신이 연경을 왕래할 때에 가만히 청나라 사람들을 보건대, 내외의 성채는 수축하지 않고 다만 심양과 영고탑에선 성담을 중축하며 재물을 저축하고 있으니, 의심컨대, 또한 스스로 백년의 운기를 기대하지 않고 항상 수구영굴首丘營窟하는 계획만 하고 있습니다. 또 가만히 듣건대, 국경 밖의 여러 추장은 종락이 날로 번성하여 청나라 사람들이 해마다 금과 비단을 수송하는 것이 거의 억만으로 계산한다고 하니, 또 어찌 아골타(阿骨打, 아구다)와 철목진(鐵木眞, 테무친)의 무리가 오늘날에 나지 않아서, 저들이 마침내는 영고탑과 심양으로 돌아가게 될 줄을 알겠습니까?"[18] 그런데 이는 아무리 보아도 해석의 차이가 아닌 정치적 견해의 차이로 보인다. 즉 당파의 이해관계로 위기설을 조장한 것이 아닌 가 하는 의심이 들기 때문이다. 그런데 가설에 불과한 회귀설과 무관하게 아이러니하게도 조선 지식인으로 하여금 북쪽 땅에 많은 관심을 갖게 했다. 이는 백두산정계비를 세우는 데도 일조를 했다. 또한 영토와 국경선의 획정이라는 근대의 출발이기도 했다.

지도에 얽힌 가짜 뉴스

숙종 때 영고탑 회귀설은 청나라의 멸망과 몽골의 재기를 나름 가정했다. 병자호란 이후 심양관이 설치되면서 조선의 많은 관료들이 이곳을 드나들었고, 몽골인들과 접촉할 수 있었다. 이들을 통해 청조와 몽골의 갈등 상황에 대해 전해들었고, 이것이 정보화되어 조선 조정에 전달되었다. 이때 수집된 자료 중에는 청나라의 역사나 몽골의 역사 기록에도 등장하지 않는 것이 있어 실록의 중요성을 높여준다. 하지만 영조 때는 회귀설이 매우 관념적인 기대론 또는 위기론으로 대두되었다. 암행어사로 이름을 날리던 이종성李宗城은 다음과 같이 이야기했다. "북경의 재변은 참으로 놀랄 만합니다. 옹정이 망국지주가 되고 청나라 운수가 갑자기 끝나는 지경에 이르지 않을지를 누가 알겠습니까? 전고의 사첩史牒으로 보더라도 재변이 있는 이후로 북경의 재앙과 같은 것은 있지 않았습니다. (중략) 현재 북경의 재이는 현저히 복망의 징조가 있고, 저들이 비록 복망에 이르지 않는다 하더라도 만약 북경을 잃는다면 반드시 본토로 돌아올 것인데, 심양은 우리 평안도와 거리가 멀지 않습니다. 따라서 평안도 전체가 앞으로 버린 땅이 될지도 모르니, 이는 첫째 염려스러운 일입니다. 또 영고탑의 장군이 배반하지 않을 것도 기필할 수가 없으니, 영고탑의 장군이 만약 배반한다면 북경으로 나갈 수도 없고 영고탑으로 물러설 수도 없으니, 그럴 경우 그 형세가 반드시 우리 육진六鎭으로 오게 될 터이니, 이것이 둘째 걱정입니다. 만일 육진에 의거하여 오래 머무를 계획을 세운다면, 우리나라 형세는 앞으로 장차 어찌 되겠습니까? 이것이 셋째 걱정입니다. 한가하고 무사할 때에 마땅히 승산을 마련할 도리를 강구해두어야 할 것입니다."[19]

사실 이종성 이야기의 근거는 1730년(옹정 8)에 일어났던 지진이 전부이다. 오히려 조선은 몰랐던 위협의 실체는 대비달자大鼻㺚子였다. 코가 큰 사람, 바로 러시아였다. 그런데 조선인들은 이때도 러시아의 실체를 알지 못했다.[20] 그저 청나라가 망해주기를 기대하거나 망하면 어찌해야 하나를 가정하는 것이 조선의 정보력이었다. 그리고 더욱 중요한 것은 영고탑이 청나라의 발상지도 아니었고, 그들이 영고탑으로 돌아간다는 것 자체도 효종의 '가짜 뉴스'였다는 점이다. 처음부터 잘못된 가설에 기초했으니 실제로 일어날 리도 만무했다. 다만 소득이라면 지도를 통한 국가 영토의 획정이라는 발상이 비로소 시작되었다는 점일 듯하다.

분오리돈대 앞의 노점. 이들에게는 돈대가 일터였을 것이다. 분오리돈대는 뒷산에서 해안
으로 돌출되어 나온 산 능선의 끝부분에 위치해 있는데, 좌우로는 깊게 만곡된 갯벌을 이
루고 있는 포구를 끼고 있어서 가시 범위가 매우 넓다. 초승달 모양의 특이한 형태를 이루
고 있는데, 이것 역시 지형에 맞추어 석벽을 축조한 결과인 듯하다.

분오리돈대의 전경. 외벽의 30퍼센트를 복원한 이 돈대는 동쪽으로 자연암반을 이용해 석축함으로써 절벽을 이용하고 있는데, 이것은 지형지물을 잘 활용한 결과이다. 이 돈대는 현재 매우 특이한 외형을 갖추고 있어 주목된다.

갈곶돈대 터에서 가끔 발견되는 면석. 또한 소수의 기와편과 백자편이 확인되기도 한다.

갈곶돈대의 터로 추정되는 장소에는 진달래가 피어 봄을 알리고 있다. 완전히 멸실되어 그 형태나 모습을 추정할 길이 없다.

정도령이 쳐들어온다

|

폐허의 북장곶돈대와 초루돈대
바다를 통해 조선으로 쳐들어왔다는 정금의 배들
『정감록』의 정도령은 누구인가?

강화도의 54개 돈대 중에서 멸실된 것을 제외하고 가장 은밀한 돈대는 아마도 북장곶돈대北長串墩臺일 것이다. 불장돈대 또는 불암돈대라고 불리는 이 돈대는 강화도 최북단에 위치해 있다. 실제로 존재 여부와 상관없이 그 전략적 가치 때문에 해병대에서는 돈대를 공개하지 않고 있다. 그래서인지 이곳 사진은 아무리 찾아도 찾을 길이 없다. 답사중에 취재 허가를 요청했지만 응답도 없었다. 공개할 생각이 없는 것이다. 그래서 무작정 올라가보니 아니나 다를까 심하게 훼손되어 있었다. 돈대 내부는 2층의 초소와 포 엄폐물 등으로 완전히 교란되어 있었다. 멀쩡하게 남아 있는 것이라고는 입구가 있는 남쪽 벽뿐이었다. 냉전으로 인한 군사적 이용은 어쩔 수 없다지만 수백 년 된 유적이 가치를 잘 모르는 군인들에게 유린되었구나 하는 생각이 떨쳐지지 않았다. 병사들에게 쫓겨나면서 겨우 남쪽 성벽만 군사시설이 드러나지 않게 사진을 찍을 수 있었다.

거절당한 북장곶돈대

북장곶돈대는 방형의 모습이지만 지형을 고려해 모서리 부분을 곡선으로 완만하게 처리했기 때문에 완전한 사각은 아니다. 동서와 남북이 모두 28미터 정도라고 하니 정사각형에 가깝게 축조된 셈이다. 원래 벽체는 3미터 정도였는데 동남북 3곳의 내벽체는 완전히 사라졌고 서쪽의 벽체는 완전히 유실되었다. 북쪽을 향해 4문의 포좌가 있었지만 지금은 하나만 확인된다. 머지않은 시기에 이곳이 개방되고 민간의 학자들이 방문했을 때 얼마나 상심을 할까? 어떻게 해야 옛날 모습에 가깝게 복원을 할 수 있을까? 하지만 생각해보니 이 모든 것이 세상 이치인 것을, 그때도 지금도 군인들의 영역인 것을 어찌하겠나 싶다. 내친김에 근처에 있는 초루돈대譙樓墩臺까지 나서보았다.

초루돈대는 다른 돈대와는 달리 해안으로 튀어나온 곳이 아닌 낮은 산 정상에 위치하고 있다. 남북축이 긴 타원형을 이루고 있어 돈대 내부는 운동장 같은 느낌이다. 동쪽과 북쪽의 석벽은 붕괴가 심하지만 이는 인위적인 것이 아니라 세월의 탓인 듯하다. 군이 사용한 흔적은 없다. 초목만 우거져 마치 원시의 유적지를 방문한 느낌이었는데, 북장곶돈대에서 500미터가량 떨어져 있어 주변의 나무만 없다면 수신호도 가능할 것 같다. 남아 있는 서벽은 내 기를 훌쩍 넘는 높이인데 기록에 의하면 2.5미터 정도 된다. 북쪽을 향해 3문의 포좌가 설치되어 있고 남쪽에 출입구가 있다. 출입구 문주석 왼쪽에 4행으로 된 명문이 남아 있는데 축조 시기가 대부분의 돈대들과 달리 숙종 46년인 1720년에 지어졌음을 알 수 있다. 이때 초루돈대, 검암돈대, 빙현돈대, 철북돈대가 새로 축조되었다. 돈대가 처음 설치된 이후 40년이 지나도 여전히 잘 관리되고 있었다는 증거일 것이다.

폐허는 폐허대로

강화도 돈대가 처음 축조된 것은 숙종 5년인 1679년이다. 이때 총 48개의 돈대가 만들어졌다. 나라 살림도 어렵고 숙종이 재위한 지 얼마 되지 않았던 때에 큰돈과 많은 인력이 필요한 일을 왜 했을까 하는 것이 역사학계의 오래된 의문이었다. 여러 원인이 있겠지만 바로 이 사람 정금鄭錦도 그 원인 중 하나였다. 정금은『숙종실록』에 총 45번이나 언급되는 매우 중요한 인물 중 한 명인데, 그의 실제 이름은 정경鄭經으로 대만 동녕국의 2대 왕이다. 정금과 정경이 중국어로 발음이 같아 오기된 것으로 보인다. 정경은 숙종 1년부터 꾸준히 언급되고 있는데 특히 그가 배에 군사를 태우고 쳐들어온다는 유언비어가 돌아 한양이 들썩거릴 정도였다. 이에 강화도의 수비를 강화하기 위해 중국의 방어시설을 본뜬 돈대를 설치할 것을 계획하게 된 것이다.

그렇다면 정경은 어떤 사람이었나. 정경(1642~1681)은 대만섬에서 네덜란드인들을 몰아내고 독립한 복건성福建省 출신의 무장 정성공(鄭成功, 1624~1662)의 아들이다. 1662년 아버지의 뒤를 이어 반청복명운동을 전개했으며, 1664년에는 국호를 동녕국이라 칭했다. 1673년 '삼번의 난'이 일어나자 이에 적극 동조해 복건성으로 진출한 뒤 일부를 장악하기도 했다. 그러나 1680년 청나라의 삼번 토벌로 대륙의 거점을 모두 상실하고 다시 대만으로 귀환해 이듬해 1월 39세의 나이로 세상을 떠났다. '삼번의 난' 이후 조선에서는 정경에 대한 관심이 급증했다. 이때 떠돌던 소문은 주로 조선이 정경의 군대와 협력해 청나라를 공격할 것이라거나 정경의 군대가 조선을 정벌하러 온다는 이야기들이었다.

그렇다면 대만의 왕 정경이 왜 조선으로 쳐들어온다고 걱정한 것일까? 사실 여기에는 복잡한 사정이 있다. 효종 이후 조선은 공공연하게 명나라 대신 중원에 들어선 청나라를 미워했고, 기회만 된다면 청나라에 복수하고자 했다. 그런데 마침 오삼계吳三桂를 중심으로 상지신, 경정충 등의 3개 번이 연합해 '삼번의 난'을 일으켰다. 삼번뿐 아니라 대만과 복건성에 세력을 가진 정성공의 아들 정경이 이 난에 동참했다. 조선의 윤휴 같은 북벌론자들은 정씨와 연통해 청나라를 공격하자고 주장했지만 대다수의 대신들은 말도 안 되는 소리라며 일축했다. 사실 조선은 고민했다. 삼번의 난에 동조했다가 후일 실패했을 경우 청나라의 보복이 두려웠다. 또 청나라가 전쟁에서 지고 명나라가 복위했을 때 왜 돕지 않았느냐는 명나라의 질책도 두려웠다. 이런 상황에서 눈치를 보고 있으니 정경이 조선을 벌주러 오고 있다는 소문이 난 것이다.

남쪽 바다에서 정경이 쳐들어온다

숙종 즉위년인 1674년 10월에는 정경이 이끄는 수군이 바다를 통해 산동山東으로 향한다는 소문이 나자 산동과 가까운 해서지방 (지금의 인천과 황해도)을 시작으로 전국에서 커다란 소란이 일어났다. 사람들은 산속으로 도망가고 서울 사람들까지 보따리를 쌌다. 이에 윤휴는 "오늘날의 근심은 오직 정금이 해변에 갑자기 닥치고 청로淸虜가 서로西路에 가득찬 데에 있으며, 지난가을의 헛 경보도 근거가 없는 일이 아니니 이것을 청국에 고급하여 군사를 정비할 수 있도록 허락받고, 또 우리가 청국을 섬기는 것이 정금이 전에 의심하여 분노하던 것인데 이제는 오삼계와 힘을 합쳐 그 형세가 매우 확장되었으므로 세상에 대고 죄를 말하고 치러 올 걱정이 있을 듯하니 한 사신이 바다를 건너가서 성심을 보이는 것은 그만둘 수 없을 듯합니다"라고 이야기했다. 허적은 "주청하는 일을 앞으로 사행 때에 붙여 보낼 수 있고, 연변에서 요망하는 것도 이미 분부하였으나, 정금으로 말하면 그 할아비 정지룡鄭芝龍이 처음에 명나라에 반역하여 해도海島에 몰래 웅거하였으므로 우리에게 적이 되는데, 어떻게 서로 교통하겠습니까?"라며 반대했다. 다시 윤휴가 "저들은 이미 주씨(명나라)를 함께 도우므로 의리로 거사하여 우리를 침범할 뜻이 있을 것이니, 우리가 이제 통호通好하면 앉아서 10만의 군사를 물리치는 것이 될 것입니다"라고 하자, 다시 허적이 "정금이 어떠한 사람인지 모르고 확실히 어디에 있는지도 모르는데, 넓디넓은 바다 어느 곳에서 찾을 수 있겠습니까? 만약에 청국 땅에 잘못 배를 대면, 큰 화를 일으키게 될 것입니다"라고 이야기했다.[21]

정경이 정도령되다

그런데 조선의 조정과 사대부들과는 달리 백성들 사이에서 정경은 전혀 다르게 묘사되고 있는 것에 주목할 필요가 있다. 당시 재야 사대부와 백성들 사이에 널리 퍼진 예언서가 있었는데 바로 『정감록鄭鑑錄』이다. 이 책은 1739년(영조 15) 6월 9일자 『승정원일기』에 처음 언급되었는데 그전부터 널리 읽히고 있었음이 분명하다. 특히 영조와 정조 시대는 조선의 르네상스라고 일컫지만 또한 역모가 가장 많은 시기이기도 했다. 『정감록』에서 칭하는 진인眞人은 정씨로, 역사 속의 정씨는 정몽주, 정도전, 정여립 등 조선 왕조와 갈등이 깊은 인물들이다. 그런데 『정감록』에 등장하는 정도령이 '해도진인설'로 귀결된 점을 보면 정경이나 정성공이 연관된 흔적을 엿볼 수 있다. 또한 전란을 피할 수 있다는 십승지十勝地가 모두 남부지방에 있다는 사실은 북방의 대륙세력 침입, 즉 병자호란과 같은 전쟁을 피해 남쪽으로 도피하겠다는 생각을 보여준다. 그래서 『정감록』은 해양세력의 세계관을 바탕으로 대륙과 해양세력의 갈등을 반영했다고 주장하는 이들도 있다. 좀더 구체적으로 살펴보자.

경신년인 1680년(숙종 6) 소위 '삼복의 변'으로 당시 권력을 장악하고 있던 남인이 몰락하고 서인이 득세하는 경신환국이 발생했다. 이때 삼복(인평대군의 세 아들인 복창군·복선군·복평군)의 외삼촌으로 남인 정권의 주축이었던 오정창吳挺昌이 죽고 조카 오시항吳始恒이 순천에 유배되었다. 1682년 8월 오시항과 같이 유배되어 있던 노계신盧繼信이 낙안군수에게 오시항이 모반을 꾀한다고 고변했다. 다음은 오시항이 했다는 말이다. "갈 곳은 바로 정금의 나라입니다. 조선을 정가가 대신한다는 이야기가 있습니다. 또 내년은 바로 계해년인데, 옛날 인조대왕이 나라를 빼앗아 즉위한 해입니다. 내년 4월이 바로 나라를 차지할 해입니다."[22] 인조반정이 계해년(1623)에 일어났고 내년이 바로 계해년(1683)이므로 조선을 차지할 해라며, 정씨가 조선을 통치한다는 『정감록』의 이야기를 하고 있다. 즉 정경을 정진인으로 상정하고 있는 것이다.

물론 이 이야기는 노계신에 의해 조작된 것이었지만 당시 이런 식의 허위 고변을 할 정도로 정경이 정진인으로 널리 인식되고 있었음을 알 수 있다. "금사(정금)가 이번에 활약이 컸기에, 오삼계가 금사에게 '이번 싸움에서 마침내 승리한다면 조선을 지배하는 것이 좋겠다'고 말한 것이 조선에 전해졌다고 들었습니다. 금사로 말하자면 정씨이기 때문에 조선 6대성에 들어가고 유서도 있기 때문에, 이런 이야기가 사실일 수도 있어 걱정하고 있습니다. 특히 5, 6백 년 전에 승려 도선이라는 자가 있었는데, 이자가 말세에 관해 적어놓은 책에 5백년쯤 뒤에 정씨가 조선을 지배하게 될 것이라고 쓰여 있습니다. 그러한 일이 벌어지는 것은 아닐까 하고 아래 것들이 더욱 걱정하고 있습니다."[23] 이 시대에 이미 정경을 정진인으로 여기는 분위기가 형성되어 있었음을 알 수 있다.[24] 성호星湖 이익李瀷이 〈해랑도〉라는 글에서 반란자를 문초할 때마다 정성공과 정경의 이름이 나온다고 한 것도 바로 이런 상황을 나타낸 말이다.

모든 반란세력들은 정경을 이야기하더라

'해도진인설'은 남해섬의 진인 정씨에 의해 새 왕조가 열린다고 했다. 이는 대만의 정성공과 그의 아들 정경을 모델로 한 것이다. 늘 북쪽 변경에서 여진족의 침입에 시달리던 백성들은 남쪽을 그리워 했고, 저멀리 남해에서 조선을 엎을 진인의 출현을 기대한 것이다. 『정감록』은 누구라고 확실히 지목하지 않았지만 수많은 정씨들의 캐릭터를 그 속에 집어넣었다. 그리고 그 남해의 섬에서 출현한 정도령이 드디어 계룡산에 도착해 새 왕조를 연다는 이야기는 곧 바다와 땅의 저항세력이 결합하는 과정이 아닐까?[25] 그런 백성들의 민심을 알고 있었는지 모르겠지만 숙종은 강화도에 돈대를 건설해 철통같은 보장처를 만들고자 했다. 이것이 정말 정경 때문이었을까?

정경의 침입을 두려워한 것은 사실이지만 효종 이후 군비를 강화한 조정이 그리 무력하지만은 않았다. 혹여 복건성 일대에 도피해 있을지도 모를 명나라의 마지막 주씨 황족이 대만의 정경을 거쳐 조선으로 올 수도 있지 않을까? 명나라와의 의리를 생각하면 결코 돌려보낼 수 없으므로 청나라와의 전쟁이 불가피해진다. 따라서 명나라의 후손과 조선의 왕을 위한 보장처로 강화도를 정비한 것은 아니었을까? 엉뚱하지만 이 같은 상상도 해보았다. 하지만 지금까지 감춰진 돈대의 건축 미스터리가 조금 풀린 듯한 느낌이다. 강화도의 돈대는 대만의 정성공—정경 부자와 매우 밀접한 관계를 가지고 있다. 돌덩어리에 암호처럼 새겨진 역사의 일부이다.

북장곶돈대는 강화도 최북단의 관방시설로 예성강으로 들어가는 입구와 마주하고 있다. 석벽은 군사시설로 교란되어 매우 불규칙하다. 형태는 기본적으로 방형이지만 전체적으로 지형을 고려하고 토압에 의한 붕괴를 방지할 수 있도록 곡선을 살렸다.

북장곶돈대에서 동쪽으로 이어진 철책선. 동쪽에는 의두돈대가 있고, 서쪽에는 초루돈대가 있다. 평면 형태가 말각 방형의 돈대이며, 북쪽으로 바다와 접해 있다. 돈대의 폭은 동서 28미터, 남북 28미터이며 벽체의 폭은 3미터이다. 북쪽으로 4문의 포좌를 배치한 것으로 보이며, 동북쪽 포좌 1개소는 훼손되었다. 문지는 남쪽 중간에 위치한다. 대체로 외벽체의 면석은 온전히 남아 있으나 내벽체는 거의 흔적을 찾아볼 수 없고, 남서부 구간은 벽체 모두가 훼손된 상태이다.

초루돈대는 낮은 산 정상에 위치하고 있다. 남북축이 긴 타원형을 이루고 있으며, 동쪽과 북쪽의 석벽은 붕괴가 심하다.

초루돈대는 해발 45미터의 낮은 구릉에 축조되었다. 평면 형태는 남북축이 긴 타원형으로 폭은 동서 27미터, 남북 35미터이고, 돈대 벽면의 두께는 약 3미터이다. 석벽이 남아 있는 최고 높이는 2.5미터이다. 북쪽으로 3문의 포좌를 설치하고 남쪽에 출입구를 마련했다. 출입구 문주석 왼쪽에는 4행으로 된 축조 시기(강희 59년 4월)와 관직명이 적힌 명문이 남아 있다. 명문에 의하면 1720년(숙종 46)에 축조되었다.

오삼계와 삼번의 난

|

폐허의 송곳돈대와 복원되는 미곶돈대
'영고탑 회귀설'과 호운불백년의 기대
정말 일어난 중국의 내란과 돈대 건설

강화도의 유일한 해수욕장인 동막해변에는 돈대가 둘 있다. 동쪽에 분오리돈대가 있고 서쪽에는 송곳돈대松串墩臺가 있다. 분오리돈대가 유명한 관광지라면 송곳돈대는 존재 자체도 알지 못한다. 동막리 끝자락에 해안으로 삐죽 나온 곳, 야산에 있는 송곳돈대는 길도 없어 여름에는 수풀 때문에 찾기조차 힘들 듯했다. 돈대의 이름처럼 주변은 온통 소나무들뿐이었다. 어렵게 찾아가니 돈대 문이며 성벽 따위는 허물어져 찾아볼 수 없었다. 남은 흔적이라고는 허리 높이의 기단부만이 돈대임을 증명하고 있었는데 이쯤이면 유적 상태가 최하 등급인 E등급이다.

게다가 돈대 앞에는 해병대가 세운 팻말이 서 있었는데 군사보호시설이니 출입을 엄금한댔는데 또 돈대를 훼손하면 문화재보호법 104조 2항에 의거해 벌금 1억 원이나 징역 10년 이하에 처할 수 있다는 강화군수의 무시무시한 경고도 있었다. 사실 송곳돈대가 이 지경이 된 것은 문화재였던 적이 없기 때문이다. 이 돈대는 문화재로 지정된 적이 없었다. 나름의 이유는 있었다. 지금도 돈대 앞에는 해병대의 경계초소가 자리를 잡고 있고 주변은 철조망으로 둘러쳐져 있다. 오랫동안 이 돈대를 파괴한 것은 민간인뿐만 아니라 군도 한몫했다. 해병대 초소가 북쪽으로 이동하면서 버려지고 또 방치되었기 때문이다.

폐허의 돈대에서 마주한 경고

바닷가로 내려가보았다. 그리고 발견한 것은 주변 전체가 화강암 덩어리란 점이다. 다가가 자세히 살펴보니 인공적으로 돌을 떼어낸 흔적이 많았다. 그렇다. 멀리서 석재를 조달하기보다 바로 이곳에서 돌을 구해 돈대를 축조한 것이다. 이렇게 완공된 돈대는 세월과 함께 무너져갔을 것이다. 무너진 돌들은 주변 여염집을 짓는 데 기초로 사용되었음이 분명하다. 어쩌면 이렇게 폐허가 된 돈대가 차라리 나을지도 모른다. 상상으로 복원하는 것보다 있는 그대로 정비해 오늘의 현실을 이야기하는 것이 말이다. 하지만 그것이 뜻대로 되던가? 송곳에서 서쪽으로 일직선상으로 튀어나온 또다른 곶을 볼 수 있다. 이곳에도 역시 돈대가 자리하고 있는데 미루지라고도 불리는 미곶돈대彌串墩臺이다.

전에는 이 두 돈대가 바다를 사이에 두고 마주보았겠지만 지금은 간척을 한 탓에 육지로 이어져 있다. 멋모르고 걸었다. 꽤 많은 펜션과 주택가를 지나 산으로 오르니 주변은 온통 쑥밭이었다. 쑥을 재배하고 있었다. 강화도는 바닷바람을 맞은 인진쑥이 유명하다. 정말 한참을 헤매다가 겨우 찾을 수 있었다. 핸드폰에 내장된 GPS로는 정확한 지점을 찾기 어려웠다. 그런데 가는 날이 장날이던가? 미곶돈대는 복원 공사가 한창이었다. 외관은 괜찮은가 했더니 문의 반대쪽 해안 성벽이 허물어져 보완 공사를 하고 있었는데 돈대 안에는 1미터쯤 되는 육면체 화강암이 잔뜩 쌓여 있었는데 이것을 석공들이 다듬어 기계로 쌓고 있었다. 작업을 하는 장년의 사내들은 "이제 이걸 할 수 있는 석공들도 흔치 않다"고 이야기한다. 그 옛날 돈대 하나당 160명 정도가 일을 했다는 기록이 있는데 이제는 기계와 10명도 안 되는 인력이 모든 작업을 해내고 있었다.

다행히 이곳은 원형이 보존되어 있었고, 일부는 석모도 판석을 이용한 여장도 조금 남아 있었다. 아마도 그것을 유추해 복원을 하고 있었을 것이라 믿어본다. 여하튼 가을볕에 힘들여 작업하는 장인들의 수고가 무척이나 힘겨워 보였다. 돈대가 건설되던 숙종 5년인 1679년 여름도 역시 왕이나 대신들 모두 정말 바빴을 것이다. "오랑캐의 운은 100년을 못 간다"거나 '영고탑 회귀설'과 같이 청나라가 망하길 바라는 막연한 기대 말고 중원에서 정말 큰 내란이 일어났기 때문이다.

정말 일어난 중원의 반란

숙종 즉위년인 1674년 조선의 최고 화제는 오삼계와 '삼번의 난'이었다. 오삼계는 명나라의 장수로 후금(청나라)에 대항해 산해관을 지켰다. 이자성李自成이 북경에 입성해 명나라 황제를 죽이자 오삼계는 후금에 항복해 이자성을 공격, 멸망시켰다. 그는 여기서 멈추지 않고 화남으로 내려가 명나라(남명)의 일족을 모두 멸족시켜 청나라로부터 평서왕平西王에 봉해지고 운남성의 번왕이 되었다. 당연히 그는 조선에서 명나라를 배신한 악당 중의 악당으로 통했다. 하지만 오삼계는 청나라의 강희제가 번을 철폐하려고 하자 복명을 기치로 난을 일으켰는데, 같은 명나라 출신인 복건성의 경중명 손자 경정충과 광주성의 상가희도 동참했다.

경중명과 상가희는 본래 조선의 가도에 주둔하던 모문룡의 부하로 원숭환이 모문룡을 죽이자 수군과 화포 등을 가지고 청나라로 귀순한 자들이다. 경중명이 귀순하자 청나라 태종은 극진한 환대를 했고 그는 총병관의 자리에 올랐다. 병자호란 때는 도르곤과 함께 강화도 공략을 맡아 조선과도 악연이 깊은 인물이다. 이후 정남왕이 되어 복건성의 번왕이 되었고 손자 경정충이 그의 자리를 세습했다. 광주성의 상가희 역시 경중명과 함께 청나라에 투항하고 병자호란에 합세했던 인물이다. 평남왕에 봉해지고 광주성의 번왕이 되었다. 이들 세 가문이 합세해 일으킨 난이 '삼번의 난'이다. 이들은 초기에 파죽지세로 북쪽을 향해 진군했다. 조선의 현종이 사망하기 한 해 전인 1673년이다.

삼번의 세력은 갈수록 막강해졌고 군사력도 빠르게 팽창했다. 그 중에서 특히 오삼계의 병력이 최강이어서 청 왕조의 통치를 위협했다. 뿐만 아니라 봉건통치 질서의 안정을 무너뜨리고 첨예한 사회적 모순을 야기했다. 청나라 조정은 차츰 삼번의 권세를 제한하기 시작해 마침내 번이라는 제도를 철폐하는 결정을 내리기에 이르렀다. 이에 1673년(강희 12) 11월 21일 오삼계는 병사들의 지원 아래 반청을 목표로 군사를 일으키고 자신을 '천하도초토병마대원수天下都招討兵馬大元帥'라고 칭했다. 1678년(강희 17) 그는 국호를 '주周'로 정했다. 경정충(경중명의 손자), 상지신(상가희의 아들)은 이 반란에 기꺼이 응했다. 삼번이 난을 일으킨 뒤 운귀(운남과 귀주), 천호(사천과 호남), 민절(복건과 절강), 광동, 광서, 섬서 등이 반란군의 손에 넘어가 청나라의 관군 지원이 어려워졌다. 8년간 지속된 전쟁은 격앙된 반청 조류를 형성했다. 강희제는 이를 두고 "오삼계가 배신한 반란으로 천하가 소동이 났고, 거짓이 떠돌아, 사방이 그러하는구나"[26] 라고 이야기했다.

중원을 들썩이게 한 오삼계와 삼번의 난

'삼번의 난'을 목격한 조선 사신은 강희제에 대해 이렇게 묘사했다. "청나라 황제가 국사를 돌보지 아니하고, 음희만 날로 심하고 매양 사하궁 빈후의 처소에 가서 운다고 한다."[27] 송시열은 이 소식을 듣고 "우리들이 과연 가한(청의 황제)의 머리가 깃대에 매달리는 것을 볼 수 있다면 진실로 잠시 죽지 않는 것이 헛되지 않았다"라고 하며 노골적으로 병자호란의 복수심을 드러냈다. 이때부터 조선은 '삼번의 난'에 대한 소식이 들려올 때마다 일희일비했다. 남인을 중심으로 북벌론이 제기되었다. 당장이라도 군사를 대륙으로 보내자는 주장이었다. 서인과 대신들은 지켜보자는 쪽이었지만 속으로는 당연 쾌재를 불렀을 것이다.

허적이 숙종에게 아뢰었다. "오삼계가 숭정 황제의 아들을 옹립

하고 명나라를 다시 세운다는 것이니, 우리가 곧 군사를 일으켜 청나라를 도와서 친다는 것은 의리에 있어 차마 하지 못할 뿐 아니라, 이해利害로써 말하더라도 청국의 형세는 오래 보전하기가 어려울 것 같은데, 명나라가 흥복된 뒤에 만약 문죄하는 거조가 있을 것 같으면, 스스로 해명할 말이 없을 것입니다. 그러나 만약 이를 염려하여 청나라의 청을 따르지 않는다면, 청나라가 비록 피폐했다고 하더라도 우리를 제압하는 데는 여유가 있을 것이나, 수만의 군사로 우리의 강역을 침범해온다면 장차 어떻게 대처하겠습니까?"[28] 하지만 강화도 유생들은 상소를 올려 "지위 고하를 막론하고, 모두 의기라고 칭하여, 그 내외종이 장군으로 지정되었다"[29]고 하며 강경하게 대처하자고 주장했다.

문제는 정보가 그리 신통치가 않았다. 청나라에 다녀오는 사신들은 청나라에 불리한 전세만을 가공해 왕에게 고했고, 사람들은 확인되지 않는 가짜 뉴스를 만들어 흘렸다. 오삼계의 격문 같은 고급 정보는 일본 대마도주對馬島主를 통해 전달받았다. 실제 사실에 가까운 정보들은 대만의 정씨 왕조에서 일본으로 다시 대마도에서 부산으로 전달되었다. 하여 전세는 현장보다 수개월이 늦은 것이었다. 하지만 남구만의 상소문에서도 여실히 드러나는 것이 있다. "함흥으로서는 진정 울타리로 삼을 수가 있게 되어 밖으로는 아침저녁으로 도발할 우려가 없어질 것이다."[30] 조선이 처음으로 자주국방을 염두에 두고 북부 변방을 공고히 함을 확인한 것이다. 남구만의 상소로 자주국방은 병자호란이 일어난 지 수십 년 뒤에 정식으로 조선의 의정에 반영되었는데, 이 일은 조선에서 '삼번의 난'을 의논하는 데 가장 중요한 내용이 되었다. 조선의 자주국방이 새롭게 널리 인식되면서 군사방어 및 국가 부흥에도 많은 기여를 했다. 조선은 청나라의 내부 사정뿐만 아니라 그들의 위협에 관계없이 시종 자주국방 계획과 행동을 포기하지 않아야 한다는 정책을 명확히 할 수 있었다. 조선은 '삼번의 난'을 이용해 성곽을 보수하고 변방을 강화했으며, 도성 축조에 대해 청나라와 담판해 불평등한 조항을 폐지하기에 이르렀다.

드디어 돈대를 짓다

이러한 상황은 1681년 '삼번의 난'이 완전히 진압되는 시기까지 이어진다. 바로 이때 병권을 쥐고 있던 병조판서 김석주가 어영군을 장악하고 강화도에 돈대를 쌓자고 건의한 1678년에 이어 이듬해 돈대 축성을 완료하게 된다. 이러한 관점에서 살펴보면 삼번의 난과 김석주 같은 대신들의 야심이 어우러져 돈대가 탄생한 것이다. 하지만 숙종과 대신들은 옛 효종 때의 마음가짐을 가지고 있지는 않았다. 청조가 중원에서 안정되고 있음을 인정하지 않을 수 없었기 때문이다. "자고로 흉노족이 중화에 입성했지만, 오래갈 수 없었다. 그러나 지금 청이 중국을 점령한 지 50년이 지났고, 자연의 이치는 헤아리기 어렵구나. 수치를 견뎌내, 오늘에 이르기까지, 그 일에 대해 말할 수 있을까."[31] 이 말은 병자호란 50년 후 조선인의 태도가 달라졌다는 것을 의미한다. 조선은 명나라를 대신해 성리학의 나라인 소중화小中華를 자처했다.

송곶돈대를 만들기 위해 돌을 채취한 화강암 바위. 그 뒤로 해병대 초소가 있다. 서쪽으로
는 홍왕어촌계 가무락 양식장이 있고, 서북쪽으로는 또다른 채석장이 있다.

송곶돈대의 현존 상태는 불량하다. 문지 입구에는 경작지가 있고 전면에는 갯벌이 펼쳐져 있다. 포좌와 문지는 기단부만 확인될 뿐 완전한 형태를 찾아볼 수 없다.

미곶돈대의 복원 공사가 한창이다. 해안선이 매우 돌출되어 있는 끝부분의 산봉우리 정상에 위치해 있으며, 돈대 양쪽으로 만곡된 갯벌이 펼쳐져 있다. 출입문에는 별도의 돌을 사용해 문둔테 홈을 만든 것이 특이하다. 일반적으로 문둔테 홈은 출입문 상단 개석에 만든다.

2부

돈대의 출현

남인들의 집권과 몰락

|

허물어진 건평돈대와 허물어지는 굴암돈대
양명학의 선구자 정제두와 남인의 악연
남인의 집권과 몰락에는 돈대 축성도 있다

강화군 양도면 건평리는 석모도와 강화도 본섬이 해협을 만드는 곳에 자리하고 있다. 이곳 어디쯤에 건평돈대乾坪墩臺가 있다. 하지만 돈대로 갈 수 있는 길이 없다. 위험을 무릅쓰고 절벽 같은 경사를 오르기로 했다. 카메라 장비까지 메고 있어 보통 힘든 것이 아니었다. 어쩌다가 길도 없이 버려진 돈대가 된 것일까? 해발고도가 겨우 50미터 남짓하지만 절벽 지형이 험해 일반인들은 이곳을 찾아볼 엄두를 내지 못했을 것이다. 한참 숨을 몰아쉴 때쯤 무너진 면석들이 뒹구는 돈대의 남벽이 눈에 들어왔다. 주변은 수풀이 우거져 열대의 밀림 같았고, 돈대는 황폐한 고대의 유적 같았다. 나는 마치 인디아나 존스가 된 기분이었다. 둘러보니 방형의 돈대는 원형을 그럭저럭 보존하고 있었고, 누구도 손대지 않아 그 모습이 참으로 예스럽고 기괴했다.

답사 후 최근 소식을 들어보니 건평돈대는 그 원형의 가치가 높아 복원을 추진했다고 한다. 주변에 허물어진 면석을 다시 수습해 본래 있던 자리에 끼워맞추면 되는 작업이므로 그리 어렵지는 않았을 것이다. 그런데 돈대 복원에 앞서 내부의 유물 발굴이 먼저 시행되었는데 뜻밖에 포좌 아래에서 불랑기포가 출토되었다. 불랑기포는 서양식 화포로, 불랑기라는 이름은 유럽의 프랑크_{frank}에서 유래되었다. 모포와 자포로 분리되어 있어 연사가 가능하다는 점에서 기존의 포를 대체한 것이다. 특히 이 포에는 1680년 2월 "삼도수군통제사 전동흘 등이 강도 돈대에서 사용할 불랑기 115문을 만들어 진상하니 무게는 100근이다"라고 새겨져 있었다. 돈대가 축성된 지 1년후 포좌마다 이 불랑기포가 장착된 것이다.

폐허의 아름다움을 보여주는 건평돈대

건평돈대에서 내려와 해안도로를 따라 남쪽으로 200미터만 걸어가면 또다른 돈대가 나온다. 이번에는 찾아가기가 수월하다. 길이 번듯하게 나 있고 주변에는 군대의 막사들이 즐비했다. 이것은 또 뭘까? 아직도 민통선 아래까지 군대가 주둔하고 돈대를 사용하고 있는 것일까? 이 지역의 이름은 '상륙기습훈련장'이란다. 이곳은 해병대 2사단의 상륙작전 훈련장으로 해마다 여러 차례 장갑차들이 해변으로 올라와 기습과 점령 작전을 벌이는 곳이다. 어쩐지 널찍한 해수욕장에 사람이 없다고 생각했다. 이 돈대의 이름은 굴암돈대屈岩墩臺로 올라가보니 반원형의 돈대가 반듯하게 무너진 곳 없이 서 있었다. 그런데 성벽의 모습이 조금 이상했다. 하단의 면석은 아주 반듯하고 잘 맞춰져 있는 반면 상단은 어설프고 조악했다. 분명 공사기간에 쫓겨 마무리가 대충된 것이다. 게다가 이제는 상단의 토압 때문에 배부름 현상을 보이고 있어 보수를 하지 않으면 조만간 면석이 밀려나와 벽이 터져나갈 것이다.

성벽의 회곽로에 올라가 바다를 바라보니 양도면 백사장이 남쪽으로 길게 뻗어 있었다. 아마도 이곳이 해병대의 상륙훈련 장소인 듯했다. 돈대 내부는 외관과는 달리 여기저기 무너지고 돌들은 흩어져 있어 시간의 흐름을 명확히 볼 수 있었다. 이는 질서에서 혼돈으로 나아가는 우주의 법칙인 것이다. 돈대를 돌아다니다보면 이 같은 시간이 무엇인지 늘 고민하게 된다. 시간은 흐르고 왜 우리는 과거만 기억할 뿐 미래는 알지 못하는 것일까? 사물은 시간의 전후를 가리지 않는데 왜 인간은 시간이라는 것이 강물처럼 흐른다고 생각하는 것일까? 하긴 우리는 저 돌덩어리들이 스스로 움직이며 제자리를 찾아가는 현상을 본 적이 없다. 아니 우리 세계에서 그런 일은 분명히 일어나지 않는다. 따라서 시간은 분명 변화하는 무엇이다. 지금으로서는 결코 인류가 알 수 없는 질문일 뿐이다. 그래도 끝없이 나는 고민한다.

근처에는 강화학파의 비조이자 양명학의 대가 정제두鄭齊斗의 묘가 있다. 본디 서울 사람인데 1709년 이곳 강화군 양도면 하일리에 자리를 잡고 살았다. 이후 친인척들과 이광사李匡師, 이광려李匡呂, 신대우申大羽, 심육沈錥, 윤순尹淳 등의 소론학자들이 학문을 익히거나 혈연관계를 맺어 200여 년 동안 학맥을 이어나갔다. 정제두는 서인 소론으로 송시열과 막역한 사이였지만 성리학이 아닌 양명학을 연구한다는 점 때문에 견제를 받기도 했다. 1680년(숙종 6) 그는 김수항金壽恒의 천거로 중앙에 처음 진출했다. 그런데 이 숙종 6년이 묘한 시기이다. 바로 남인이 몰락하고 서인이 집권하는 경신환국이 일어난 때이다. 이때 남인의 거두 허적과 윤휴가 사사되었다. 강화도에 돈대를 축성하자는 아이디어를 낸 이들이 바로 남인들이었는데 이들이 하나같이 죽음을 맞이하게 된 것이다. 그들의 빈자리를 채운 이가 정제두이고 갑술환국 이후 남인들과 교류하던 소론이 다시 어려움에 처하자 강화도로 들어와 목숨을 부지한 것이니 참으로 묘하다고 할 수밖에 없다.

돈대에 앉아 시간을 고민하다

정제두가 출사하기 7년 전, 즉 숙종 즉위년의 당파싸움은 대단했다. 여기서는 돈대를 축성하는 데 지대한 공헌을 한 남인들에 대해 살펴보자. 남인은 선조 때 정여립鄭汝立의 난으로 동인에서 분파된 당파이다. 서인에 대한 강경파가 북인이라면 온건파가 남인이다. 북인은 인조반정으로 실각했다. 남인은 대체로 경북과 경남의 향촌을 근거지로 삼고 있었다. 초기 인물로는 우리에게 잘 알려진 유성룡柳成龍, 이원익李元翼, 이덕형李德馨 등이 있다. 현종이 죽고 나이 어린 숙종이 왕위에 오르자 다시 서인세력이 주류를 형성하기 시작했다. 과거 남인은 효종 사후 벌어진 예송논쟁에서 서인들과 대립했지만 이 논쟁에서 서인들을 확실하게 제압하지 못했다. 현종의 뒤를 이어 즉위한 숙종은 서인을 축출하고 남인을 등용했다.

갑인예송은 효종의 비인 인선왕후가 사망하면서 벌어졌다. 이에 남인들은 인조의 계비인 시어머니 자의대비가 오례의에 따라 기년복(1년 동안 입는 상복)을 입어야 한다고 주장한 반면 서인들은 예조에서 효종을 위해 기년복을 입었으니 그 비를 위해서는 마땅히 대공복(9개월 동안 입는 상복)을 입어야 한다고 주장했다. 현종은 조정 신료들과 네 차례의 논쟁을 벌인 뒤 대공복을 주장하는 예조 당상들을 모두 파직하고 그 책임을 물었다. 영의정 김수홍 등이 반발했으나 왕은 반대하는 신료들을 파직하고 3일 만에 기년복으로 상복을 정했다. 아마도 이때 남인들이 현종과 서인들 간의 논쟁에 신속하게 개입했으면 서인들을 역으로 몰아 처벌하고 정권을 장악할 수 있었겠지만 현종이 너무도 빨리 예송을 마무리지으면서 기회를 놓치고 말았다. 그런데 현종이 불과 두 달 뒤 급사하고 세자인 숙종이 즉위하면서 새로운 국면이 펼쳐졌다. 열네 살의 어린 숙종은 부왕의 결정을 재확인하고 송시열을 비롯해 서인들을 대거 귀양 보내거나 조정에서 몰아내고 남인에게 정권을 넘겨준 것이다. 이때가 남인들로서는 50년 만의 집권이었다.

하지만 남인은 서인에 대한 태도로 청남과 탁남으로 나뉘었다. 남인 소장파들이 "우리가 선명하고 대신들인 당신은 흐리다"라고 주장해 청남과 탁남이라는 명칭으로 고착되었다. 특히 청남의 윤휴와 탁남의 허적은 동지이자 앙숙이었다. 남인들은 각종 정책에서 사사건건 대립했다. 특히 윤휴는 효종 때의 북벌을 다시 들고나와 정권의 변화를 확실히 하고자 했다. 그러나 숙종은 서인 계열이기는 하나 비주류에 속했던 외척 김석주 등을 등용해 군사문제를 맡겨 왕과 왕실의 위상을 높이고자 했다. 김석주의 등용은 인조 이래로 서인세력이 위낙 강했기 때문에 왕실이 믿을 수 있는 외척세력과 제휴할 수밖에 없었던 왕권의 제약성을 시사하는 것이었다. 어찌 되었건 외척과 남인이 동거하는 상황이 되었다.

예송논쟁으로 집권한 남인들

남인은 북벌을 명분으로 한 도체찰사의 복설로 권력 장악에 적극적으로 나섰다. 숙종 즉위년 남인인 윤휴가 당시 중국에서 오삼계의 난이 일어난 것을 계기로 병자호란의 '성하의 맹' 치욕을 씻기 위한 북벌을 강력하게 주장하면서 도체찰사부의 복설을 요청하였다. 그러나 이러한 윤휴의 주장은 서인에 의해 권력 장악을 위한 것이라며 비난받았다. 실제 도체찰사는 영의정이 겸하도록 되어 있어 당시 영의정이었던 남인 허적이 도체찰사가 되어야 했기 때문에 서인에게는 불리할 수밖에 없었다. 윤휴의 도체찰사부 설치 주장에 대신들은 "저 사람들(청나라)이 의심할까 두렵다"고 우려했다. 결국 이듬해인 숙종 1년(1675) 정월에 도체찰사부가 복설되어 영의정 허적이 도체찰사를 겸하게 되었다. 허적은 부체찰사 후보로 김석주, 윤휴, 이원정李元楨을 천거했고, 숙종은 김석주를 낙점했다. 숙종은 도체찰사를 남인 허적이 차지했으니 부체찰사는 서인 김석주에게 맡겨 견제하게 한 것이다. 그러므로 부체찰사로서 도체찰사부를 북벌 총지휘부로 꾸리려던 윤휴의 계획은 제동이 걸린 셈이다.[32]

이러한 숙종의 권력 분산 현상은 중앙 군영에 대한 통제권에서도 엿볼 수 있다. 남인은 현종 때의 2차 예송에서 승리한 후 훈련도감과 어영청을 그 영향 아래 두었으나, 수도 외곽 방위 군영인 수어청과 총융청은 그들의 영향에서 벗어나 있었다. 하여 남인은 도체찰사부의 설치를 계기로 도성 밖의 군사력인 수어청과 총융청까지도 자신들의 통제 아래에 두려고 했다. 그리하여 개성의 대흥산성을 축조해 북쪽 방비의 출진처로 삼는 동시에 훈련도감과 어영청의 군관을 동원해 그곳의 1만이 넘는 둔군을 훈련시켰던 것이다. 이러한 조처는 서인의 중진들은 물론 서인의 비주류인 김석주 등도 크게 반발하게 만들어 한때 도체찰사부가 폐지된 일까지 있었다. 이는 한마디로 서인과 남인 간의 군권 경쟁이 치열했음을 말해준다.

군권 경쟁으로 치열한 당파들

당쟁의 치열함 속에서 하나둘씩 문제가 드러나기 시작했다. 발단은 영의정 허적인데 너무 교만했다. 허적의 할아버지 허잠이 충정忠貞이란 시호를 받아 잔치하는 영시일(시호를 맞이하는 날)에 벌어진 사건이었다. 왕은 허적의 공을 치하해 그에게 궤장을 내렸다. 그리하면 신하는 집에서 큰 연회를 베풀어야 했다. 마침 비가 내려 허적의 집 마당에 큰 천막을 쳐야 했는데 숙종이 궁중에 있는 유악(기름으로 코팅한 방수용 천막)을 빌려주려고 하자 허적이 이미 가져갔다는 것이다. 숙종이 속으로 이를 어찌 생각했는지는 바로 일어난 경신환국으로 알 수 있다. 숙종은 하루아침에 남인을 쫓아내고 서인을 불러들였다. 그리고 얼마 후 '삼복의 옥'이라 불리는 사건이 발생했다. 허적의 서자이자 개망나니 허견이 삼복 중 한 명인 복창군 등과 역모를 꾸미려 했다는 것이 드러난 것이다. 부체찰사 김석주는 수어사에서 어영대장으로 자리를 옮기면서 남인이 대흥산성을 근거로 역모를 도모했다고 고변하고 경신대출척을 주도해 남인세력에 큰 타격을 입혔다. 김석주는 이후 대흥산성의 관리사가 되어 사후 처리를 전담했다. 뿐만 아니라 그는 강화도에 돈대를 건설해 방어시설을 강화하고 『선원록璿源錄』[33]의 편찬을 주관하여 이를 강화도에 비치했다. 후세 역사가들은 김석주가 돈대 축성이나 『선원록』을 비치한 것은 남인세력에 대한 견제 의식을 내포하고 있다고 보았다. 경신대출척으로 청남 탁남 할 것 없이 허적과 허목, 윤휴 등 남인들이 대거 사사되었는데 남인 집권 6년 만이었다.

일부 구간이 붕괴된 건평돈대. 건평돈대는 해안선이 돌출된 곳에 위치해 바다 쪽으로 시야 가 잘 확보되어 있다. 돈대 전면은 거의 절벽에 가까운 급경사 지형이고, 후면에는 바위가 많다. 이 돈대는 문지 및 그 좌우 석벽이 붕괴되었으나 전체적으로 현존 상태가 양호한 편 이다.

건평돈대의 면석. 정으로 홈을 파서 돌들이 미끄러지지 않게 했다. 돈대는 기본적으로 방형이지만 서북쪽의 전면 석축이 약간 곡선을 이루고 있는데, 이것은 직선 석축보다 외압에 잘 견딜 수 있는 구조적인 안정성을 고려한 것이다.

굴암돈대의 외형. 이 돈대는 반원형을 유지하고 있으며, 석벽 하단이 정돈되어 있는 반면
상단은 조잡한 편이다. 주변에서 기와편과 조개무지가 발견되고 있다. 굴암돈대는 현재 토
압에 의한 배부름 현상이 진행중이어서 보완 조치가 시급하다.

굴암돈대에서 바라본 해변 전경. 이곳에서는 매년 여러 차례 해병대의 상륙기습훈련이 실시되고 있다. 돈대는 여전히 전쟁이라는 긴장 상태를 경험하고 있다.

김석주 대 윤휴

|

원형의 작성돈대와 살아 있는 구등곶돈대
돈대를 지휘한 김석주와 선제공격 우선이라던 윤휴
윤휴는 사사당하고 김석주는 후대에 이름을 더럽히다

늘 허무하게 무너진 돈대를 보거나 어처구니없이 상상의 복원을
한 돈대만 볼 수 있는 것일까? 물론 그렇지 않다. 오래전부터 돈대의
상태를 확인하고 기록해온 『신편 강화사』를 집필한 강화도 향토사학
자들과 육군사관학교 교관들 모두가 손에 꼽는 완전한 형태의 돈대
가 있다. 바로 작성돈대鵲城墩臺이다. 하지만 이곳을 가본 사람은 드
물다. 어떤 지도에도 표시되어 있지 않고 GPS로도 찾을 수 없다. 그
래도 찾아가보았다. 찾아가보니 그 이유를 알 수 있었다. 작성돈대
가 원형을 잘 보존하고 있는 이유는 군부대로 사용되지 않았기 때문
이다. 이 돈대에서는 바다가 보이지 않으므로 군부대로 사용되지 않
았다. 돈대를 처음 축조했을 때는 어떠했을지 모르지만 현재는 해안
절벽에서 안쪽으로 조금 물러나 있어 바다를 조망하기가 힘들다. 돈
대 회곽로에 서서 살펴보니 오른쪽으로는 예성강 입구가, 왼쪽으로
는 멀리 교동이 나무들 사이로 어슴푸레하게 보였다.

또한 작성돈대는 다른 돈대들과 다른 점이 있었는데 속종 때가

아닌 영조 때 축조된 것이다. 영조가 강화도의 돈대를 보수하고 새로운 돈대까지 축조한 것을 보면 아버지 숙종의 유지를 이어받은 것도 있지만, 재위 내내 역모와 반란에 시달려 보장처로서의 강화도를 정비하고자 한 이유도 있었을 것이다. 작성돈대는 산 정상의 평탄한 곳에 정방형으로 건설되었다. 북쪽으로 2좌의 포문이 배치되어 있고 남쪽으로 출입구가 있어 어떤 돈대보다 반듯해 보였다. 홀로 외로이 100년을 식물들과 함께했을 이 돈대에서 한참 생각에 잠겼다. '네가 운이 있어 이렇게 살아남았구나.'

작성돈대에서 내려와 동북 방면으로 700미터만 가면 구등곶돈대龜登串墩臺가 있다. 지금도 군부대로 사용되는 곳이다. 이곳은 다행히도 미리 취재 허가를 받았다. 사실 최북단의 북장곶돈대를 철저히 파괴한 것에 비하면 이곳은 뭔가 있을 것만 같았다. 구등곶은 거북이 등산하는 모습 같다는 뜻이다. 그 거북의 등 위에 돈대가 있었다. 올라가보니 둥근 홍예문이 원형 그대로 잘 남아 있었다. 위에는 '머리 조심'이라는 글을 붙여놓았다. 성벽도 잘 보존되어 나름 관리를 한 듯싶었다. 그런데 돈대 안으로 들어가니 더욱 놀라웠다. 그 옛날 돈대가 쓰였던 것처럼 모든 것이 남아 있었다. 병사들의 숙소, 휴게실, 무기고 등 살아 있는 돈대 그 자체였다. 하지만 정작 병사들이 몇 없어 물어보니 아래 새로운 막사를 짓고 있어 그곳에 가 있다고 한다. 돈대 안 병사들의 생활이 열악해 주둔 환경을 개선하기 위해 비우는 중이었다. 그러면 돈대를 제외한 나머지 시설은 제거되는 것일까? 나는 그럴 필요가 없을 듯했다. 오히려 살아 있는 유적처럼 느껴졌기 때문이다. 수백 년을 그대로 활용하고 있는 관방시설인 것이다. 이 돈대를 설계한 김석주도 이에 반대하던 윤휴도 이렇게 오랫동안 작은 요새가 유지될 것이라고는 예상하지 못했을 듯싶다.

여전히 살아 있는 돈대

돈대의 설치 배경 중에 '정금의 침입설'이나 '삼번의 난'은 외부 요인이고, 조선 내의 실제적 요인이 있었다. 바로 병권을 둘러싼 왕과 당파들의 싸움이다. 그 중심에 남인 윤휴와 서인 김석주가 있었다. 먼저 북벌을 주장한 인물이 재야의 윤휴였다. 1674년(현종 15) 7월 1일 윤휴는 비밀 상소를 올려 "오삼계의 난은 하늘이 만들어준 기회이니 즉각 군사를 일으키자"고 주청했다. 윤휴는 "병사 1만을 뽑아 북경을 향해 나아가 등을 치고 목을 조이는 한편, 바다의 한쪽 길을 터 정금과 약속해 힘을 합쳐서 심장부를 혼란시켜야 한다"는 전략을 제시했다. 윤휴의 밀소가 입소문을 타자 상당한 반향이 일었다. 당황한 것은 정권을 잡고 있던 서인 대신들이었다. 좌의정 정지화鄭知和는 현종에게 다음과 같이 이야기했다. "요즘 윤휴의 밀소 때문에 바깥이 꽤 시끄럽습니다. 인조께서 저들(청나라)과 관계된 문제이면 '상소문은 절대로 받아들이지 말라' 하신 하교가 있었는데, 지금도 그렇게 단속하는 것이 좋겠습니다."[34]

하지만 윤휴는 2차 예송논쟁을 계기로 남인이 정권을 잡자 드디어 조정에 진출했으며, 북벌을 계속 주장했다. 윤휴는 이를 위해 1만 대의 병거(전차)와 화포를 만들어야 한다고 제안했다. 또한 그가 군제를 융통성 있게 운영하자고 강하게 주장한 것은 한편으로는 백성들의 민생 안정을 위한 것이지만 북벌을 위한 것이기도 했다. 문란한 군정은 백성들에게 큰 고통을 안겨주었다. 죽은 사람에게도 군포를 받는 '백골징포'와 갓난아이에게도 받는 '황구첨정'이 대표적이었다. 서인에 비해 열세였던 남인으로서는 이제 막 집권한 마당에 대다수 사대부들의 반대를 무릅쓰고 호포제를 실시하기에는 부담이 컸다. 하지만 윤휴는 정면돌파를 택했다. 양반 사대부들의 계급 이기주의를 강하게 비판한 것이다. "호포제(부담으로) 말할 것 같으면, 백골(죽은 사람)이나 아약(어린아이)의 살가죽을 벗겨내고 골수를 부수는 가혹한 정치에 얼굴을 찡그리고 가슴을 치는 근심 괴로움과, 놀고먹는 선비나 운종은 백성들이 부역을 피하고 스스로 편하게 지내는 자의 원망 중 어느 것이 더 크겠습니까?"[35] 윤휴가 1675년(숙종 1) 9월 도체찰사부 설치를 주장한 것 역시 북벌을 위한 것이었다.

윤휴가 북벌을 위해 출사하다

김석주의 조부는 김육으로 그는 사대부 엘리트 중 엘리트였다. 문과에 장원급제했고, 그의 글은 정조가 최고라고 할 정도로 명문장이었다. 그런데 생긴 것은 장비의 상으로 무인 체질이었다. 집안이 대대로 병권에 관심이 많아 김석주 역시 군사조직에 매진했다. 그는 자신 같은 훈척勳戚이 병권을 장악해 왕권을 보위해야 한다는 생각을 가지고 있었다. 그는 서인이었지만 남인과도 왕래했고 서인과도 대립했다. 이런 뛰어난 능력을 가진 외척에게 숙종은 기대를 했다. 김석주는 남인의 온건파 허적 등과 결탁해 남인 정권이 수립되는 데 주요한 역할을 하기도 했다. 하지만 동시에 허적을 경계했는데, 이는 허적이 선대에 철폐되었던 도체찰사부를 다시 설치해 군권을 장악했기 때문이다. 또한 남인들은 군권 장악과 장기 집권을 위해 대흥산성 축조와 함께 강화유수에게 병권을 주고 돈대를 쌓는다는 핑계로 강화도 진무영까지 접수하려고 했다. 따라서 숙종은 남인에게 쏠리는 병권을 김석주에게 적절히 배분했다. 이에 힘입어 병조판서와 어영청을 장악한 김석주는 남인들의 도체찰사부를 혁파하고 대흥산성의 모병 행위를 사찰했다. 이때부터 문인 김석주는 정보정치의 대가이자 공작정치의 달인이 되었다.

그가 한성부좌윤 남구만을 이용해 공작을 한 사례를 살펴보자. 남구만은 김석주의 사주로 "대사헌 윤휴가 서도의 금송 수천 그루를 베어 강가에 새집을 짓고 있다고 한다"[36]고 공격했다. 윤휴는 "공자의 제자 증삼과 같은 이름의 사람이 살인을 했는데 증삼이 살인했다고 모친에게 전하자 처음에는 믿지 않던 어머니가 세번째에는 베 짜던 북을 던지고 달아났다"는 삼지주모三走母 고사를 인용하며 헛소문이라고 항변했다. 성균관직강 김정태가 "관리들이 윤휴의 집에 달려들어 새것, 헌것을 가리지 않고 거리낌없이 일일이 헤아려 조사하고 있다"[37]고 항의한 것처럼 김석주는 수사기관도 장악하고 있었다. 그러나 좌의정 권대운權大運이 "윤휴가 지은 집은 10여 칸이 되지 않는다"고 방어한 것처럼 이는 사실이라기보다 김석주가 펼친 정치 공세의 성격이 짙었다.

공작정치의 대가로 성장하는 김석주

강화도 돈대의 책임자가 된 김석주는 직접 강화도를 답사하고 「강도설돈처소별단」이라는 상세한 지형과 돈대 포인트를 그림으로 설명한 보고서를 숙종에게 올렸다. 그는 이 공사를 자신의 어영청 군사까지 동원해 80여 일 만에 끝냈다. 김석주는 이렇게 강화도 진무영의 군권까지 접수했다. 숙종과 김석주의 합작에 윤휴는 어찌 반응했을까? 당연히 백성들의 고초를 들어 반발했으며, 내심 분풀이할 기회를 노렸을지도 모른다. 그런데 공작정치의 달인이 되어버린 김석주는 경신환국을 일으켜 윤휴를 비롯한 대다수의 남인들을 제거했다.

김석주는 경기도 이천의 둔군들이 매일 훈련하고 대흥산성에서도 군사훈련을 했는데 이것이 "(남인들이) 훗날 군사를 동원하는 기회로 삼으려고 한 것"이라고 주장했다. 구체적으로 이천의 둔군 훈련이 복선군 추대를 위한 예행연습이었다는 것이다. 이에 대해 윤휴는 자신과는 관계없는 일이며 복선군과도 "안면이 없다"고 부정했다. 하지만 엉뚱하게 입관 초기 윤휴가 정사에 관여하는 대비를 조관(단속)하라고 왕에게 이야기했다는 점과 자신이 부체찰사로 선임되지 않자 얼굴에 불쾌한 빛을 띠었다는 불충의 혐의가 씌워졌다. 사실 윤휴가 부체찰사가 되기를 원한 것은 북벌을 위한 것이었지 남인의 군권 장악을 위한 것은 아니었다.

윤휴는 1680년(숙종 6) 5월 20일 사사되었는데 『당의통략黨議通略』에 사약을 마시기 전 그는 "조정에서 어찌해서 유학자를 죽이는가?"라고 항의했다고 전한다. 또한 "역모의 옥사는 모두 옭아매서 억지로 탐지한 데서 나왔으며, 확실한 증거가 없었다. 그 일을 주동한 자는 김석주 등 몇 명뿐이었고, 조정 신하들도 더불어 듣지 못했다. 사람들이 마음으로 의혹했는데, 공신을 추록하라는 명령이 내려지자 사류들이 더욱 그것을 불평하였다"고 했다. 훗날 숙종도 "김석주가 종사를 보전한 데 큰 공이 있었으나, 궁위를 통하여 주로 밀고하였으니, 이는 본래 남의 신하된 자로서의 올바른 도리는 아니다. 세상에서는 진실로 공의 우두머리요 죄의 으뜸인 자로서 김석주를 치고, 후세의 군자도 만약 다시 음양 소장의 변화를 논하면서 갑인년 화의 뿌리를 미루어본다면 반드시 그 공이 죄를 갚기에 모자란다고 할 것이다. 아! 애석하도다" 라고 한탄했다.

말 한마디로 사사당한 윤휴

그동안 경신환국은 서인과 남인 사이의 치열했던 당쟁의 산물로만 인식되고 있었다. 물론 남인과 서인 그리고 외척이 뒤엉켜 정쟁을 일삼은 것이 사실이다. 하지만 당시 청나라의 정세와 환국은 깊은 관련을 맺고 있었다는 해석도 제기되었다. 중국 전역을 전쟁터로 몰고 갔던 '삼번의 난'은 이 시기 거의 진압되고 있었다. 1678년(숙종 4) 오삼계가 죽고 손자 오세번이 그의 뒤를 이었으며, 이듬해에는 청나라 군이 전쟁의 주요 거점인 악주를 탈환했다. 이렇듯 삼번의 패배가 기정사실이 되자 숙종은 북벌을 위한 도체찰사부를 남인들이 역모를 꾸민 공간으로 만들고, 북벌론자였던 윤휴를 사사함으로써 청나라의 의심에서 벗어나려는 나름의 의도가 숨겨져 있었던 것이다.[38]

작성돈대 아래 폐기된 면석들과 요즘 군인들이 먹고 버린 과일 통조림통이 뒹굴고 있다. 돈대의 평면은 정방형으로 동서 25.6미터, 남북 25미터이며, 석벽의 높이는 1.6~2.3미터이다. 북쪽으로 2좌의 포문이 배치되어 있고, 남면 중앙에 출입구 시설을 두었다. 내부에는 가시풀이 무성히 자라고 있으나 내외면의 석축은 잘 보존되어 있다.

작성돈대는 영조 때 축조된 것으로 현재 원형을 가장 잘 보존하고 있는 돈대 중 하나이다. 오른쪽으로는 예성강 입구가 바라보이며, 왼쪽으로는 멀리 교동이 보인다. 전면에는 갯벌이 매우 잘 발달되어 있어서 자연적인 방어시설로서의 역할도 했다. 돈대 아래에는 조선 후기의 것으로 추정되는 포대가 있다.

구등곶돈대의 포좌. 지형 이름에서 알 수 있듯이 거북이 기어오르는 듯한 매우 특이한 지형에 축조되었다. 전면과 좌우 측면으로 갯벌이 매우 잘 발달되어 있어서 외적 방어에 매우 유리한 지형적 특성을 지니고 있다.

구등곶돈대 안의 포구. 해병대가 쓴 975, 979의 의미가 궁금하다. 부대는 최근에 이전했다. 돈대의 평면은 큰변 동서 32미터, 작은변 동서 24미터이고, 남북 41미터로 정면이 사다리꼴의 평면을 가진 돈대이다. 바다를 향해 전면에 2좌, 양측면에 1좌씩 포좌를 설치했는데, 북쪽의 포좌는 훼손된 것으로 보인다. 출입구는 남쪽에 위치해 있다.

돈대를 설계한 사람들

|

석각돈대에서 바라본 석모대교
석모도 박석이 조선의 명품이었다
계룡돈대의 명문과 복원의 문제를 고민하다

내가 서 있는 이곳은 강화도 황청리 국수산 서록의 절벽이다. 눈 앞에 바다가 펼쳐지는 풍광이 좋은 곳이다. 바다에서 시원한 바람이 불어와 산행의 땀을 식혀주었다. 주변에 석재가 흩어져 있어 오래전 이곳이 돈대였다는 사실을 암시하고 있었다. 이름은 석각돈대石角墩臺. 돈대 터로 추정하건대 장방형의 그리 크지 않은 규모인 듯했다. 돈대 안에 묘지도 몇 기가 있어 사유지인지 국유지인도 알 수 없었다. 분명한 것은 이 석각돈대가 문화재로 지정되지 않았고, 오랫동안 방치되고 있다는 사실이다. 『신편 강화사』에 따르면 이 돈대는 "축조 위치가 산중턱이고 해안과도 거리가 먼 것으로 보아 방어보다는 좌우 돈대와의 연락과 관측을 고려한 관방시설인 듯하다"고 한다. 좌우로는 계룡돈대鷄龍墩臺와 삼암돈대가 있다. 나무가 무성하기 전에는 두 돈대가 훤히 보였을 듯하다. 지금은 두 돈대보다 석모도가 아주 잘 보인다. 이전에는 석모도에 가려면 근처 외포리에서 배를 타고 가야 했지만 2017년 석모대교가 개통되어 이제는 항로가 폐선되었다. 양안의 1.5킬로미터 사이에 연육교를 놓았으니 이제 석모도는 섬이되 섬이 아니다.

명당이다 싶은 석각돈대 자리

강화도 돈대 축성에서 석모도는 매우 중요한 역할을 했다. 이곳에서 자재를 조달한 것이다. '박석'이라고 하는 자재였는데 말 그대로 얇은 돌이다. 박석은 얇고 넓적해 바닥에 많이 까는 것으로, 궁궐이나 왕릉 등 중요 유적지의 바닥이나 궁전 어도 등에서 흔히 볼 수 있다. 이것은 가로로 생성되어 절리층이 있는 화강암 암반에서 떠내는데, 떠낸다는 표현은 시루떡처럼 켜켜이 쌓인 층에서 한 켜 한 켜 분리해 채석하는 것을 뜻한다. 기록을 통해 살펴보면 오래전부터 강화 석모도의 박석이 유명했다. 이 박석을 가져와 돈대의 본성 위에 올리는 성가퀴, 즉 여장을 만들었다. 여장은 성벽 위의 담장으로 군사들이 몸을 숨기거나 방비하기 위해 쌓은 것이다. 마치 벽돌을 쌓듯이 박석과 박석 사이에 회를 넣고 올렸다. 이곳 석각돈대는 파괴가 너무 심해 여장의 모습을 볼 수 없어 이곳에서 그리 멀지 않은 곳에 있는 계룡돈대로 향했다.

계룡돈대는 54개의 돈대 중 그 가치가 으뜸이다. 그 이유는 이 돈대를 축조한 정확한 연도와 시공 주체를 밝히고 있기 때문이다. 돈대에는 "강희일십팔년사월일경상도군위어영康熙一十八年四月日慶尙道軍威御營"이라는 명문이 새겨져 있는데 강희 18년은 1679년(숙종 5)으로 돈대를 설치한 해이며, 4월은 아마도 공사를 대충 마무리한 시점일 것이다. 여기서 특이한 것은 경상도의 군위어영군이라는 글이다. 멀리 경상도에서도 산골인 군위현에서 어영군이 올라온 것이다. 돈대를 축조하는 데 동원된 어영군은 총 4262명으로 이들은 8900명의 승군과 교대해 돈대를 마무리했다. 어영군은 당시 김석주의 관할하에 있었고 효종 이후 약 2만 명 정도가 운영되었다. 하지만 2만명이 모두 상비군이란 뜻은 아니고, 2달에 한 번 교대를 했으니 야 3000명 정도가 상시 동원 가능한 인원이었다. 게다가 이 인원은 한양 밖 5도에 걸쳐 근무하고 있었으므로 군위현에서 올라온 인원은 100여 명 정도가 되지 않았을까? 즉 명문상으로는 이들 군위현의 어영군이 계룡돈대를 맡아서 축성했을 것이라고 보인다. 하지만 이들이 기초공사부터 한 것은 아니었다. 이미 승군이 축성을 끝마치고 철수해 어영군이 주로 맡은 것은 여장 부분이었다. 물론 이곳이 전투시 중요한 부분이라 전문가들이 시행하는 것이 옳았을 것이다. 하지만 9할을 쌓은 것은 승군이니 어영군은 숟가락을 얹었을 뿐이다.

계룡돈대의 명문은 옳지 않다

계룡돈대에 도착해 바로 들어가지 않고 주변을 돌아보았다. 아주 특이했다. 지금은 평탄한 논경지 주변에 돈대가 불현듯 솟아 있었다. 아마도 돈대를 축조하던 시기는 주변이 모두 갯벌이었고 이곳만 암반으로 솟은 작은 섬이었을 것이다. 가까이 다가가 성벽을 살펴보았다. 멀리서는 아주 멀쩡해 보여 오랫동안 잘 서 있었다고 생각했지만 사실 기단부만 옛것이고 대부분은 최근에 다시 복원한 것이다.

강화군은 2008년 월곶돈대, 초루돈대, 계룡돈대를 정비했다. 나름 과거에 저지른 돈대 복원의 실수를 다시 반복하지 않기 위해 노력을 했다고 한다. 그런데 여장 부분을 보면 완전히 엉터리였다. 석모도 박석이 아닌 출처 불명의 벽돌 담장을 쌓아놓았다. 돈대의 벽을 따라 그 유명한 명문을 찾아보았다. 왼쪽 모퉁이에서 쉽게 찾을 수 있었다. 명문은 외벽 하단에 있었다. 이 명문은 성벽을 모두 시공하고 난 뒤 하단의 돌을 골라 새긴 것이다. 당연히 초기에는 승군만이 돈대 공사에 참여했으니 어영군이 있었을 리 없고, 나중에 도착해 여장을 쌓고 이렇게 자신들만의 명문을 새겨놓은 것이다. 그런데 이런 명문은 축성 원년에 세운 48개의 돈대 어디에서도 찾아볼 수 없다. 이는 아마도 군위현의 어영군대장이 허영을 부린 것이 분명하다. 아니면 나름 역사적으로 의미 있다고 개인적으로 생각했던지 말이다. 덕분에 이 계룡돈대에 그 가치를 더했으나 승군의 노력을 가로챈 것 같아 씁쓸할 뿐이다.

계룡돈대는 12진보에 소속되지 않고 진무영에서 파견된 천총 3명이 돌아가며 담당한 영문營門 소속의 돈대였다. 즉 강화도 진과 보의 소속이 아니라 중앙군 소속이란 뜻이다. 그만큼 이곳은 매우 중요한 위치에 있었는데 아무래도 석모도 자재와 관계가 있는 듯하다. 왜냐하면 경복궁의 근정전처럼 아주 중요한 건물 바닥에 식모도의 박석을 사용했다. 함부로 이런 박석을 채취해 반출하는 것을 엄격히 금했고, 계룡돈대는 그것을 감시하는 역할을 한 것이다. 문득 1679년(숙종 5) 돈대 축성에 관여한 사람들이 궁금해졌다. 누가 이 돈대를 기획하고 설계하고 지휘했을까?

돈대를 기획하고 축성을 지휘한 8인

김수흥金壽興은 강화유수이자 서인으로 영의정을 지낸 김수항의 형이다. 안동 김씨로 1648년(인조 26) 사마시를 거쳐 1655년(효종 6) 춘당대문과에 병과로 급제하고, 이듬해 문과중시에서도 병과로 급제했다. 1670년(현종 11) "강화도의 동쪽인 승천보에서 초지까지 진보를 연이어 설치하고 그 사이사이에 요동에서 운영중인 돈시를 지어 무기를 비치하고 병사를 상주시켜야 한다"고 주장했다. 그 돈사가 석물로 건축한 것은 아니지만 지금의 돈대와 비슷한 기능을 가졌다고 볼 수 있다.

이인척李仁偶은 서인으로 부친은 한성부판윤, 형조판서 등을 거쳐 우의정을 지낸 이완李浣이다. 북벌을 계획한 효종은 이완과 자주 밀담을 나누곤 했는데, 이인척은 비록 약관의 나이였으나 그 자리에 참석했다. 이완은 군국의 대계를 세울 때마다 아들인 이인척에게 자문을 구했다고 한다. 서얼이었지만 통훈대부행선공감직장 등을 역임했다. 1677년(숙종 3) 이인척은 "강화도의 동서북에 큰 성을 짓고 그 사이사이에 돈대를 짓자"고 소를 올렸다. 이는 부친인 이완이 효종에게 건의한 내용과 같다. 하지만 허적은 몇 년간 이어진 흉년으로 재정이 없으니 풍년이 올 때까지 미루자고 했다.

유혁연柳赫然은 무신이자 남인으로 본관은 진주 유씨이다. 대대로 무신 집안으로 할아버지는 삼도수군통제사 유형柳珩이며, 아버지는 황주목사, 평안도병사절도사 등을 역임한 유효걸柳孝傑이다. 그는 1644년(인조 22) 무과에 급제해 덕산현감과 선천부사를 역임했으며, 북벌을 염두에 두고 군비 확충 및 국방에 진력하던 효종에 의해 승지로 발탁되었다. 그뒤 이완과 더불어 효종의 북벌 계획에 적극적으로 참여했다. 1678년(숙종 4) "강화도의 요처 70리에 훈련도감과 어영청의 병사를 동원해 축성을 해야 한다"고 건의했다. 하지만 숙종은 재정을 이유로 거절했다.

허적은 남인의 영수로 우의정, 좌의정, 영의정 등을 역임한 문신이다. 본관은 양천으로 1633년(인조 11) 사마시에 합격하고, 1637년 정시문과에 병과로 급제했다. 그는 숙종에게 "해안에 있는 옛 고려의 성을 따라 쌓기에는 그 땅이 광활하여 축성이 어려우나 그 사이의 습지에 중국의 연대의 제도를 모방하여 소성을 쌓되 강변에 열을 지어 배치한다면 비록 적이 공격을 하더라도 양쪽에서 공격이 가능하여 서로를 구할 수 있다. 다만 매우 중요한 사안이므로 중신을 먼저 보내어 형세를 살펴본 후 논의를 계속할 것"을 건의했다. 지금의 돈대 모습과 기능에 가장 가까운 제안이었다.

김석주는 서인으로 왕의 외척이며 본관은 청풍 김씨이다. 할아버지는 영의정 김육이고, 아버지는 병조판서 김좌명으로 명문 집안 출신이다. 이조좌랑과 우의정 등을 역임한 그는 1657년(효종 8) 진사가 되었으며, 1661년(현종 2) 왕이 직접 성균관에 참석해 실시한 시험에서 우수한 성적을 받아 전시에 바로 응시할 수 있는 특전을 부여받았으며 이듬해 증광문과에서 장원을 했다. 문인으로서도 뛰어났다. 병조판서를 지낼 때 부사직 이원정이 강화도를 순시하고 돌아와 지도와 함께 서계를 올리고 아울러 돈대를 쌓기로 정한 49곳을 지정했다. 1679년(숙종 5) 병조판서였던 그는 숙종을 청대하고 강화도에 돈대를 축조할 때 함께 시설할 일을 아뢰었다. 같은 해 그는 강화도의 돈대 48좌를 그린 족자를 올렸다.

이원정은 남인으로 광주 이씨이다. 1648년(인조 26) 사마시를 거쳐 1652년(효종 3) 증광문과에 갑과로 급제했다. 1673년 도승지와 1677년(숙종 3) 대사간과 형조판서를 지냈다. 숙종은 김석주와 함께 이원정을 강화도로 파견해 돈대 설치를 살펴보게 했다.

윤이제尹以濟는 남인으로 파평 윤씨이다. 그는 비변사제조, 형조판서, 어영대장 등을 역임한 문신으로 1663년(현종 4) 식년문과에 을과로 급제하고, 1676년(숙종 2) 의주부윤을 거쳐 강화유수가 되었다. 김석주와 함께 강화도 돈대 축성을 지휘했다. 그는 강화유수이자 발병의 권한을 가진 진무사를 겸했다.

숙종은 1679년(숙종 5) 강화도의 돈대 축조로 괴로워하는 백성들에게 진휼을 내렸다. 강화도의 돈대 공사가 너무 오래 걸려 군병이 장기 주둔하게 되자 섬 백성들이 이를 괴로워하고 원망했다. 숙종이 이를 듣고 스스로 비망기를 지어 유시하기를 "강화도는 보장의 땅이므로, 바야흐로 춘궁기에 민중을 동원하여도 돈대를 설치하는 것은 유비무환의 대비책에서 나온 것이다. 그러나 생각건대 일부의 가난한 백성들이 이러한 흉년을 당한데다가 거창한 역사까지 있으니 비록 조발하여 부역시킬 일은 없지만, 시끄럽고 귀찮게 하여 농사에 방해되는 일은 틀림없이 있을 터이니 매우 민망스럽다. 역사에 종사하는 무리들을 엄중히 단속하고 거민들을 위로하는 조처가 없을 수 없다. 특별히 근시를 파견함으로써 진휼하는 나의 뜻을 선포하라. 금년 전조를 내려주고, 또 먼 곳으로부터 온 1만여 명의 역군들도 진념하지 않을 수 없으니, 쌀 1백 석과 삼승포 20통을 풀어 나누어주

도록 하라. 만약 촌간에서 함부로 행동하는 자는 군율로 시행하고
용서하지 않겠다는 것을 모두에게 알리라"고 했다.

석각돈대는 국수산의 서록 해발 60미터에 위치해 있다. 서쪽이 바다를 향해 있지만 바다와는 상당한 거리를 두고 있는 장방형의 돈대이다. 길이는 동서 14미터, 남북 20미터로 서쪽 지형은 급경사를 이루고, 남북으로 각각 완만한 경사를 이룬다. 남쪽에는 근세에 조성된 민묘 2기가 있다. 돈대의 노출된 면석은 하단 1~2단 정도만 남아 있고, 주위 퇴적물에 의해 매몰된 상태이다. 현재의 상태로는 포좌나 문지 등의 시설물 위치를 확인하기 어렵다.

석각돈대는 계룡돈대에서 삼암돈대로 가는 도로 왼쪽 산중턱에 위치해 있다. 전면과 좌우
면이 모두 급경사를 이루고 있다. 이 돈대는 축조 위치가 산중턱이고 해안과도 거리가 먼
것으로 보아 방어보다는 좌우 돈대와의 연락과 관측을 고려한 관방시설인 듯하다.

계룡돈대는 드넓은 간척지인 망월평야 남서쪽 끝자락 언덕 위에 위치해 있다. 북서-남동 33미터, 북동-남서 22미터로, 높이는 2~4미터 내외이다. 평면 형태는 전체적으로 방형이고 북서부가 좁은 형태이며, 북서쪽에는 1좌의 포구가 남아 있다. 북벽 육축부의 경우 하단부는 막돌허튼층쌓기를 했고, 상단부는 비교적 열을 맞추어 거친돌 층지에 쌓기를 했다.

계룡돈대의 외벽 하단부 면석에는 "康熙十八年四月日慶尙道寧威御營"이라는 명문이 각인
되어 있다. 강희 18년은 1679년으로 병자호란 이후 강화도에 많은 국방시설을 일시에 보강
하게 되었는데, 이때 축조된 돈대 중 하나이다.

죽을 고생한 승군

|

마니산 밑 정수사와 함허 이야기
황폐한 송강돈대와 건재한 검암돈대
알고 보니 조선의 산성은 모두 승려들이 쌓은 것

이른봄 돈대를 찾아 나섰다. 아직 새잎은 솟지 않았고 드문드문 진달래가 산천을 물들이고 있었다. 초지대교를 건너 송강돈대松岡墩臺를 찾아가는 길이었다. 지난번 답사에서는 소재지가 불명확해 찾지 못했지만 오늘은 꼭 발견할 수 있을 것 같은 느낌이 들었다. 석모도가 보이는 능내리로 가는 길에서는 마니산을 꼭 보게 된다. 영산이라 이곳 강화도에서는 흔히 볼 수 있는 절집도 지나는 길에 꽤 만나게 된다. 그중에 정수사淨水寺가 있다. 작은 절인데 대웅전이 보물이다. 1423년(세종 5)에 지어져 지금까지 보존되었으니 그 가치가 충분하다. 이곳의 대웅전은 다른 절집과는 달리 툇마루가 있어 이채롭다. 현판만 없다면 서원 건물 같기도 하다. 원래 신라 때부터 있던 절인데 조선 초에 함허涵虛대사가 중창을 했다는 이야기도 있다.

함허는 기화己和의 당호이다. 내려오는 전설은 정수사 뒤편 절벽의 '함허동천'이라는 거대한 글씨 때문에 함허대사와 관련이 있는 것으로 알려졌다. 이 전설에 의하면 함허대사는 멀리 중국에서 수행하기 위해 험한 바다를 건너온 사람으로, 그가 절벽 아래에서 수행을 하고 이제 막 득도할 무렵 멀리서 아내가 천신만고 끝에 찾아왔다. 하지만 함허대사는 인연을 끊었다며 아내를 만나지 않았다. 그러자 아내는 "그런 득도가 무슨 의미가 있냐?"며 정수사 아래 바다에 몸을 던졌고 그 자리에서 바위가 솟아올라 사람들은 그 바위를 '각시바위'라고 불렀다. 그런데 사실 함허대사는 엄연한 조선 사람이었으며, 언급한 전설은 완전히 창작된 이야기에 불과하다. 함허대사 기화는 고려 때 태어나 태조 5년에 출가해 세종 시절 내내 수행과 집필 작업에 몰두했다. 특히 유불선 3교 일치론을 내세워 억불정책을 비판했다. 하지만 이미 유학자의 세상에서 승려들의 지위는 날로 추락했다. 이는 조선시대 내내 그러했고 돈대가 건설되던 숙종 시절은 특히 더 고달팠다.

돈대를 찾아가는 길에 만난 함허

송강돈대라는 지명은 없지만 임마누엘 기도원이라는 종교단체 건물 옆에 있다는 단서만 가지고 어렵게 찾을 수 있었다. 『신편 강화사』에는 송강돈대에 대해 "…… 현재 터와 기단석 몇 개만 확인될 뿐이다"라는 단 한 줄의 글만 나온다. 하지만 기단석은 수백 개가 보였고 나름 돈대였던 터의 흔적은 역력했다. 다만 아무도 돌보지 않았고 누구도 찾지 않았을 뿐이다. 해수면에서 그리 높지 않은 곳에 축조되었고 앞에는 해병대의 초소가 보였다. 오래전 돈대가 자연적으로 해체되었는지, 주민이나 군인이 훼손한 것인지 지금으로서는 확인할 방법이 없다. 멀리서 바닷물이 들어오고 있었다. 나비처럼 그물을 펼친 새우잡이 배들이 팔랑거렸다.

다시 발걸음을 옮겨 근처의 검암돈대黔巖墩臺로 향했다. 일명 선수돈대船首墩臺라고도 한다. 이 돈대는 대부분의 돈대가 지어진 숙종 5년인 1679년이 아니라 1690년에서 1696년 사이에 추가로 건설한 돈대이다. 송강돈대에서 장곶돈대로 향하는 굽은 도로 왼쪽 산의 중턱에 위치해 있다. 이곳을 통과해 마니산 정상으로 오를 수도 있다. 이 돈대의 현재 상태는 비교적 양호한 편이다. 방형의 돈대로 둘레가 97미터이며 돈대 중에서는 작은 편이다. 돈대에 올라보니 후포항 뒷산이었다. 검암돈대는 석모도가 내려다보이는 산 위에 축조되어 있었다. 이 돈대는 특이하게 해안 방어를 위한 군사조직인 5진 7보에 속하지 않은 강화부 영문에서 직접 관할한 돈대이다. 마침 이 돈대는 발굴 조사중이었는데, 복원 목적이 아닌 정식 조사를 하고 있었다. 석문을 통해 안으로 들어가니 바닥을 살펴보고 있었다. 과연 돈대가 처음 만들어졌을 때의 내부는 어떠했을까? 현장 책임자의 이야기에 의하면 "막사를 발견했다. 구들을 놓은 것 같다"고 한다. 사실 이곳에서 근무한 병사들의 생활사가 궁금하기도 했다.

돈대 밖으로 나와 살펴보니 성곽 위 여장은 하나도 남아 있지 않았다. 오직 큰 돌을 다듬어 쌓은 돈대의 내외벽 본채뿐이었다. 위에서 떨어져내린 돌들이 여기저기 흩어져 있었지만 대체로 잘 보존되어 있었다. 돌과 돌 사이를 아주 정교하게 짜맞추었다. 석공들의 솜씨도 훌륭하지만 이것을 정교하게 제자리에 넣어 쌓아올리는 일도 숙련된 노동의 결과일 것이다. 그런데 이 거대한 돌들을 어떻게 단 시간에 쌓았을까? 볼 때마다 놀라움을 금치 못한다. 그도 그런 것이 단 80일 만에 48개의 돈대를 축조한 것이다. 이들 돈대에는 임진 왜란 이후 왜성에서 배운 축성 기술이 동원되었는데, 지금도 그 원형이 잘 보존된 검암돈대와 같은 것을 보면 그 규모나 만듦새에 놀라지 않을 수가 없다. 돈대에는 큰 돌들을 사용했는데 이는 포격 등의 충격에도 붕괴되는 것을 줄이기 위해서였다. 그렇기에 노역은 장난이 아니었을 것이다. 그렇다면 이 돈대를 만든 것은 누구였을까? 바로 승군 8900명, 어영군 4262명, 석공 1000명, 목수 등 잡부 1000명 등이다. 이중에서 승군은 40일 만에 여장을 제외한 돈대 작업을 마쳤다. 정말 죽도록 일했을 것이다. 또한 이 노역에 승군이 동원되었다는 것이 더 놀라운 일이다.

볼 때마다 놀라는 돈대를 쌓은 수고

조선이 국초부터 불교를 통제한 이유는 농사를 지어야 할 백성이 승려가 되어 국역에서 이탈했기 때문이다. 『경국대전』에서 승려 증명서인 도첩을 발급할 때 정전을 징수하거나, 시험을 통과하지 못해 도첩을 3개월 이상 받지 못할 경우 환속시켜 본래 직역으로 돌려보내도록 규정하고 있는 것에서도 알 수 있듯이 승려는 국가 노역체제에서 완전히 벗어나 있는 자들이었다. 더욱이 승려는 본업인 농사에 종사하지 않고 시주로 삶을 영위하는 존재라는 인식이 강했다. 국가는 승려를 일종의 '비경제활동인구'로 인식했다.[39] 그래서 승려들은 조선의 모든 공무에서 제외되었다. 또한 농민들의 조세와 역이 필요했기 때문에 출가를 금했다. 출가가 가능해진 때에도 도첩을 받으려면 꽤 과중한 세금을 내야 했다.

하지만 출가했다고 노역이 사라진 것은 아니다. 승역은 승려의 인신에 부과하는 역과 사찰에 부과하는 역으로 나눌 수 있는데, 승역 중에서도 주목되는 것은 승려를 군사력으로 활용하는 승군역이다. 하지만 승군역은 군역이라기보다 노역이었다. 왕릉이나 정부 건물을 지을 때 승려를 동원하는 것은 조선 전기부터 이미 활발하게 이루어져왔다. 승려에게 군사의 역할을 맡긴 것은 임진왜란 이후 새롭게 나타난 현상으로 이전까지는 승려들이 군역에 동원되지 않았다. 임진왜란과 병자호란 이후 농민이 줄어들고 역과 조세가 줄어들자 조정은 승려들에게 눈을 돌려 이들에게 군역을 맡기기 시작한 것이다. 초기 승군은 국가 상비군이 아니었지만 종단의 대표격인 권승들을 통해 승병을 모으고 이들에게 역을 부과했다. 그러다 승군 동원은 17세기 후반 일대 변화를 맞이했다. 바로 남한산성에 위치한 수어청에 승려를 주둔시키는 의승역이 시작된 것이다. 의승역은 이전까지의 승역과는 완전히 다른 형태의 역이었다. 기존 승병과는 달리 의승은 상비군이었다.[40]

숙종 즉위 초에 국가의 승려 통제는 절정에 달했다. 윤휴는 승려의 호적 등재를 주장했다. 본래 승려는 일정한 거처 없이 유랑하는 자들이라는 인식이 있었으므로 이전까지는 호적에 등재시키지 않았다. 그러나 윤휴는 토지를 소유하거나 혈족이 고향에 있는 승려의 경우는 호적 등재에 무리가 없다고 주장하며 이들을 모아 군사로 활용하자고 주장했다. 비록 승려를 조직화하자는 주장은 받아들여지지 않았지만 실제로 1678년(숙종 4)부터 호적에 승려가 기재되었다.[41] 이때 승려들은 출가 전에 원래의 직업을 먼저 기재하고 승이라 표기했다. 조선은 승려라는 직업을 전업으로 보지 않았다. 따라서 팔천八賤이라고 하는 천민 중에 이들 승려가 원래부터 속했던 것은 아니다. 정리해보면 이들은 숙종 때 호적에 등재되어 개인 역을 하거나 사찰 역을 해야 했고, 승군이 되거나 아예 의승이 되어 군역을 수행해야 했다. 승려들 입장에서 조선 정부는 주는 것 없이 뺏기만 한 것이었다. 게다가 신분까지 갈수록 하락해 18세기에는 도성 출입도 하지 못하는 천민 대접을 받아야 했다.

승군은 참으로 고달픈 존재

숙종 재위 전반 내내 중앙정부의 직접적인 승려 통제는 절정에 달했다. 승려는 호패법의 시행 대상에도 포함되어 호패를 가지고 다니지 않은 승려는 처벌당하기도 했다. 비록 윤휴가 계획한 승려 전체의 군사조직화는 이루어지지 않았으나, 중앙정부 요역에 동원되는 승려의 수는 2000명을 예사로 넘어 1679년(숙종 5) 8900명을 돈대 축조에 동원한 것이다.[42] 북방 정세에 대한 불안으로 승려를 동원한 관방시설 신축이나 개축이 자주 시행되었다. 먼저 중요한 왕의 보장처였던 강화도에 대한 대대적인 정비가 이루어져 돈대가 설치되고, 정족산성이 수축修築되었다. 이후 강화도 바로 건너편에 있는 통진의 문수산성을 수축했다. 수도인 한양을 방어하기 위해 한양도성을 개축하는 한편 새로운 보장처인 북한산성을 신축했다. 이어 북한산성의 외성이자 북한산성과 한양도성을 이어주는 탕춘대성 역시 신축했다. 북한산성 외에 기존의 보장처였던 남한산성의 외성이 신축되었다. 이와 더불어 숙종 초기에 축성된 대흥산성과 함께 수도를 둘러싼 도성 방어체계가 승려들에 의해 정비된 것이다. 이 많은 곳에 승려들이 동원되었다니 조선의 건설사업은 승려 없인 불가능했을 지경이다.

하지만 이들 승려는 출가 때도 거액을 정부에 납부했고 일상에서도 조세했으며, 군역까지 수행했지만 사실상 천민과 다름없는 대우를 받았다. 극히 일부의 권승들만 사대부들과 비슷한 지위의 대우를 받았을 뿐이다. 조선이 망했다고 했을 때 일반 승려들이 기뻐한 것은 그리 이상한 일이 아니었다. 돈대를 내려오며 돌이켜보니 돈대를 쌓으면서 죽거나 다친 승려가 얼마인지 아무도 기록하고 기억해주지 않았다.

송강돈대의 버려진 터. 『신편 강화사』에는 "송강돈은 임마누엘 선교원 우측 구릉에 위치한다. 현재 터와 기단석 몇 개만 확인될 뿐이다"라고 기록되어 있지만 수많은 면석들을 확인할 수 있다. 돈대는 방형으로 둘레가 124미터 정도 된다. 현재 비지정문화재이며, 아무도 돌보는 사람 없이 방치되어 있다.

송강돈대로 올라가는 길에 폐타이어로 만든 계단이 있는 것을 보면 얼마 전까지 군부대가
활용했던 것으로 짐작할 수 있다. 현재는 해변가에 감시용 초소가 운용중이다.

GYOYUDANG Publishers
서로 사귀어 놀며 오가는 집, **교유당** 交 遊 堂

책이란
더 좋은 책을 만들기 위한 수단이다.

_쥘 미슐레(조한욱 역), 『민중』, 172쪽

옥스퍼드 세계사

펠리페 페르난데스아르메스토 외 10인 지음 | 이재만 옮김
173×225 | 684쪽 | 38,000원

우주의 망대에 올라선
은하계 관찰자의 시선으로 바라본 세계사
지도·그림·사진 150컷

세계의 석학들이 모여
새로운 역사관을 반영한 최신 세계사 책
다중 시점으로 과거와 현재,
지역과 세계를 한 번에 조망하다

사회사상의 역사
마키아벨리에서 롤스까지

사카모토 다쓰야 지음 | 최연희 옮김
149×126 | 512쪽 | 33,000원

자유와 공공에 대해 깊이 생각해보기 위하여

정치, 경제, 철학의 범위를 넘어
근대사회의 저류를 형성하는
온갖 지적 자극으로 가득찬 최상의 안내서

교유서가 **첫단추 시리즈**

지식의 우주로 안내하는
우리 시대의 생각 단추

새로운 주제에 성큼 다가서기 위한 방법!
머릿속에 자연스럽게 흐름이 그려지게 하는 계보이자 지도
세계 최고의 교양 입문서
옥스퍼드대 VSI 시리즈의 한국어판

길 위의 역사학자, 이이화

이이화의 동학농민혁명사 (전3권)

145×210 | 총 868쪽 | 세트 47,000원

새로운 세상을 꿈꾼 민초들의 혁명사
누가 봉기의 횃불을 들게 하였는가!
50여 년간 연구한 '동학농민혁명'을 총정리하다

허균의 생각

145×210 | 324쪽 | 15,000원

천하에 가장 두려운 존재는 오직 백성뿐이다!
허균이 생각하는 정치, 학문, 문학
왜 그는 당대의 권위에 도전하였는가

이이화의 한 권으로 읽는 한국사
옛조선부터 6월 항쟁까지

145×210 | 496쪽 | 20,000원

역사는 사회의 방향이고 우리의 미래다
역사는 역진하지 않는다
민중은 반드시 역사를 진전시킨다!

검암돈대는 송강돈대에서 장곶돈대로 향하는 굽은 도로 왼쪽 산 중턱에 위치해 있다. 이곳
을 통과해 마니산 정상으로 오를 수 있다. 이 돈대의 보존 상태는 비교적 양호한 편이다.

검암돈대의 외벽. 매우 정교하게 돌을 깎아 쌓았다. 돈대는 방형으로 둘레는 97미터이다. 4문의 포좌가 마련되어 있다. 최근 인천시에서 발굴 조사를 시행했으며, 지방문화재자료로 지정되었다.

돈대지기들의 구슬픈 연가

|

무태돈대와 망월돈대에서 조선 병사처럼 달을 바라보다
고달팠던 돈대지기
병사가 사라진 돈대는 외롭더라

강화도는 큰 섬이다. 대개 큰 섬에 사는 사람들이 소원하는 것은
해안일주도로이다. 섬사람들은 주로 해안가에 모여 살기 때문에 마
을과 마을을 잇는 일주도로가 그들의 숙원사업이기도 하다. 물론 이
런 도로가 있으면 외지인들 역시 섬 관광이 수월하다. 자동차나 자
전거를 타고 도로를 달리곤 한다. 그래서 대부분의 사람들은 강화도
에 일주도로가 이미 놓여 있다고 생각한다. 하지만 그렇지 않다. 민
통선 지역은 해안도로가 없다. 그래서 여전히 불편하다.

현재 강화도 동쪽 연미정이 있는 대산리에서 북쪽 끝 철산리까
지 2공구로 정해 공사를 완료한 상태이다. 여기서 서남쪽으로 내려
가는 인화리까지가 5공구이며, 공사 준비중이다. 다시 여기서 남쪽
으로 내려가 황청리까지가 4-2공구로 2025년 완공을 목표로 하고
있다. 대충 민통선 안에 있는 구간이라고 보면 된다. 그런데 급한 곳
이 있다. 4공구 안의 창후리로 전에 교동도로 들어가던 선착장이 있
던 곳이다. 이 지역 민원은 교동대교 개통 이후 쇠퇴하고 있는 창후

리의 개선을 위해 도로 개통이 시급하다는 호소이다. 그래서 정부
는 부랴부랴 4-1공구로 정해 도로 공사를 진행하고 있다. 창후리는
교동대교가 놓이기 전 강화도와 교동도를 운항하던 여객선의 모항
이었지만, 교동대교 개통 이후 사람들의 발길이 끊겼다. 섬과 섬을
잇는 다리는 또 이런 부작용을 낳기도 한다.

강화도 사람들의 소망은 해안일주도로

창후리 선착장에서 북쪽으로 조금 올라가면 민통선이 시작되는
검문소가 보이는데 그 앞에 무태돈대無殆墩臺가 자리하고 있다. 무태
돈대는 1990년대만 해도 성문과 서쪽의 포좌를 제외하고 기단부만
남아 있을 정도로 훼손이 심했다. 그러던 것을 1998년 강화도가 창
후리 선착장과 교동도를 찾는 관광객들을 위해 복원했다. 성벽을 보
면 기존의 돌과 새로 다듬어 올린 돌들이 확연하게 차이를 보인다.
하지만 이것도 세월이 흐르니 원래 이러했나 하는 착각이 들기도 한
다. 돈대가 해안 쪽을 향하고 있는 언덕에 축조되어 입구 쪽은 사람
키만한데 해안 쪽 성벽은 자그마치 5미터가 넘는다. 공사가 상당히
어려웠을 듯하다. 안으로 들어가보니 포좌들이 완전히 정리되어 있
었고, 그 위로 여장이 깔끔하게 설치되어 있었다. 돈대는 장방형으
로 둘레는 145미터이다. 회곽로에 올라 여장에 기대 창후리 선착장
을 바라보니 꽤 많은 어선들이 눈에 들어왔다. 새우잡이 배와 일반
고기잡이 배가 뒤섞여 있었다. 예로부터 창후리에서 잡히는 가장 귀
한 생선은 황복이었는데 그 회를 맛볼 수 있는 횟집들이 꽤 있었다.

하지만 지금은 퇴락해버린 창후리에 황복을 맛볼 수 있는 횟집 따위가 있을 리 만무했다. 그래도 돈대에서 바라보는 이 풍경은 참으로 운치 있었다. 황복 회의 찰진 맛에 비견할 만했다.

창후리에서 남쪽으로 조금만 걸어내려가면 망월리 내가천內可川이 바다와 만나는 곳에 돈대가 있다. 그런데 완전 평지에 돈대가 있다니 참으로 낯설고 왜소해 보이기까지 한다. 이 돈대가 바로 망월돈대望月墩臺이다. 그래도 지금까지 돈대의 시야를 가리는 구조물이 전혀 없어 그 기능을 미루어 짐작할 수 있다. 밀물 때 내가천으로 적이 배를 몰고 들어오는 것을 막기 위해 건축한 것이리라. 또 함께 수로를 관리하는 역할도 했을 것이다. 하지만 이 때문에 홍수가 나면 돈대는 꽤 큰 피해를 입기도 했다. 지금도 기단부는 갯벌 안에 묻혀 있고 홍수에 부서진 돌들 대신 새로 쌓은 면석들이 지는 해에 반사되어 눈부시게 반짝이고 있다. 석공들이 보수하면서 많은 정성을 쏟아 돌을 쪼은 듯하다. 안으로 들어가보니 남북 축보다 동서 축이 많이 짧은 장방형의 돈대였다. 내부의 돌들 역시 무너지고 흩어진 것들을 새로 찾아 짜맞춘 듯해 보였다.

서쪽으로 해가 지는 것을 한참 바라보다 달이 뜨는 것도 보기로 했다. 돈대 이름이 망월이 아니던가. 이렇게 홀로 돈대에 서 있으니 문득 이곳에서 근무하던 병사들의 모습이 떠올랐다. 오래전 텔레비전 코미디 프로그램에 「변방의 북소리」란 코너가 있었다. 이곳에서 근무하던 병사들도 그 변방의 북소리를 구슬피 듣는 궁상맞은 모습이었을까? 아니면 깔끔하고 절도 있는 직업군인의 모습이었을까? 1678년(숙종 4)에 창설된 강화도의 군대인 진무영은 조선의 수도인 한양과 이곳으로 진입하는 한강을 지켜야 한다는 특별한 임무를 부여받은 탓에 다른 지역의 군대와는 조금 다른 모습이었다고 한다.

돈대에서 달을 바라보다

1632년(인조 10) 지중추부사 정응성鄭應聖이 상소한 내용을 살펴보면 다음과 같다. "강도江都는 바로 서울의 피난처입니다. 만약 오랑캐가 곧장 몰아쳐오는 환난이 있을 경우, 배를 준비해놓지 않으면 무슨 계책으로 건널 수 있겠습니까. 예전 규례에 의하여 다시 경강의 주사를 두어 한 무장을 정하여 정돈해서 변란에 대비하게 한다면, 반드시 급할 때 허둥지둥하는 일이 없을 것입니다. 그리고 경기수사를 통어사로 호칭하여 공청(충청)·황해(서해)의 주사들까지 통제하도록 한다면, 서로 의지하여 구제할 수 있을 것입니다."[43]

17세기 후반 숙종 때 대동법이 전국적으로 실시된 결과 도성을 중심으로 생산력이 향상되기 시작했다. 이러한 한양의 발전은 기존의 강화도나 남한산성의 '보장처' 같은 군사적 전략 개념 대신 한양 '도성수비론'으로 전환하는 계기가 되었다. 무엇보다 강화도 자체를 하나의 독립된 방어 단위로 구축하자는 건의가 이어졌고, 그 결과가 진무영의 창설로 이어진 것이다.[44] 또한 진무사에게 강화유수를 겸직하게 했다. 이보다 앞서 윤휴가 "강화는 광주와 다름이 없는데 그곳만 밀부密符가 없으니, 변통함이 마땅할 듯합니다"라 건언하고, 이원정이 "유수를 내직과 같이 보는 것은 예전에도 이런 예가 없었으니, 이제 별도로 명호를 세워 방어사의 예와 같이 하고서, 비로소 밀부와 유서를 내려주심이 마땅하겠습니다"라고 하니, 임금이 대신들에게 그 이름을 의논해 정하게 했다. 이때 진무영이라는 명칭이 정해졌다.[45] 밀부란 독자적인 작전권을 말한다.

18세기 강화도 남성의 수가 1만 6000명이었는데 군역을 수행하는 이가 1만 5000명이었다. 즉 강화도 백성 전체가 군인이었던 셈이다. 타지에서까지 특별한 허가를 받아 강화도로 들어와 군역에 종사하기도 했다. 하지만 이는 상비군이 아니었다. 지방군대인 속오군, 의려군, 무학군은 하층 양반이나 양민이 속한 반농반군 집단이었다. 역을 수행하지 못할 때는 베를 납부했고, 역을 수행할 때도 임금은 따로 지불하지 않았다. 역은 일종의 세금이었다. 이들의 수가 6000명 정도, 그리고 부사관급 이상의 직업군인들이 3000명 정도 되었다. 나머지는 이런저런 기타의 군역이었다. 하지만 다른 지방과 달리 강화도의 특성상 군역 이외의 세금이 면제되고 신분상승의 기회가 있어 병사가 되겠다고 전국에서 찾아오는 이가 많았다.

돈대에서 근무하던 병사들을 상상하다

숙종 재위 당시 건설된 52개의 돈대는 강화도에서 가장 많은 병력이 투입되는 시설이었다. 하나의 돈대당 130명 정도의 병력이 배치되었다. 어림잡아 6700명이 집결한 것인데, 이는 전시와 같은 비상상황일 경우에 한해서이다. 평상시에는 돈장 1명과 병사 3명이 15일씩 교대로 근무했다. 지금 돈대에는 건축물이 전혀 남아 있지 만 과거에는 3칸의 무기고와 2칸의 숙직실이 있었다. 이곳에서 4명이 먹고 자며 경계 근무를 선 것이다. 병사는 이렇게 15일간 근무를 서고 집으로 돌아가 일상에 종사했다. 매년 3개월 정도를 채워야 했으니 1년에 6번의 근무를 선 것이다. 직업 장교였던 돈장은 더 고달 팠던 듯하다. 그래서 돈장이 30개월을 근무하면 그 공을 치하해 종 6품의 벼슬을 주었다. 그때 그들은 강화 바다의 밤하늘에 뜬 달과 무수한 별을 보며 무슨 생각을 했을까 문득 궁금해진다.

지금까지 돈대에서 생활하던 병사들의 수기나 기록이 발견된 바 없어 기존의 단편적인 사례들로 재구성을 해보면 이렇지 않았을까? 일단 이들은 우리가 흔히 떠올리는 베옷을 입고 짚신을 신은 병사 들이 아니었다. 진무영이 나름 강한 군대조직인 만큼 돈장에게는 방 어력이 뛰어난 철갑옷이 지급되었을 것이고, 3명의 병사들도 수갑 (手甲, 손에서 팔꿈치까지 보호하는 갑옷)이나 피갑 등의 가벼운 갑옷을 입었을 것이다. 물론 이것을 평소에 늘 착용하지는 않았을 것이다. 또 무기고에 들어가면 불랑기포에 사용되는 화약과 쇠 포환이 준비 되어 있었을 것이다. 화약은 가끔 바람에 말려 습하지 않게 보관했 을 것이다. 이외에도 총포, 활, 창 등은 돈대에서 전투가 벌어졌을 때 유용한 무기들로 이것들의 관리도 3명의 병사들 몫이었을 것이다. 24시간 경계 근무를 서야 했으니 하나 또는 둘은 여장에 기대 먼바 다를 주시했을 것이다. 밤에는 횃불이 꺼지지 않도록 주의하면서. 문제는 이들 인원으로 가장 힘든 노역은 풀을 잡는 것이었을 듯하 다. 봄부터 가을까지 맹렬하게 자라는 잡초들이 돈대를 뒤덮으면 안 되었으므로 늘 낫을 들고 풀을 베었을 것이다.

또 한 돈장이 거주하는 칸과 병사들의 숙직 칸이 분리되어 있었을 것으로 본다. 그럼 잠자리는 어떠했을까? 구들을 놓았을까? 취사를 했으니 당연히 구들을 놓아 난방문제도 해결했을 것이다. 영조 때의 지리학자인 정상기鄭尙驥가 펴낸 『농포문답農圃問答』에 군역 갈 때 챙겨가는 개인 물품 목록이 나온다. 특이한 것은 개가죽으로 만든 깔개인데 이는 잠자리 바닥에서 올라오는 습기와 냉기를 막기 위함이었다. 또 겨울철 신발로 소가죽을 기워 만든 전투화가 있었는데 바닥에는 짚을 낄아 푹신하게 했다고 한다. 아마도 돈대에서 근무하던 병사들도 국가가 지급한 것 이외의 사제 물건을 많이 가지고 간 듯하다.

15일간 돈대에 머물며 오직 근무에만 집중했을 것 같지는 않다. 조선의 병사들이 소일하던 놀이는 주로 바둑과 장기였다. 돈장이 이런 취미가 있었다면 자주 판이 벌어졌을 것이다. 훈련 겸 놀이로는 어떤 것이 있었을까? 주로 씨름과 활쏘기가 행해졌다. 돈대에 4명밖에 없었으니 참으로 지루하고 외롭기도 했을 터이니 일주일에 한 번은 이러한 훈련 겸 운동이 시행되었을 것이다. 뜻밖의 병영 행사에는 생일 챙겨주기가 있었다. 이는 이순신의 『난중일기』에도 언급되어 있다. 돈대에서도 이 같은 생일 챙겨주기는 강화도가 아닌 타지에서 군역을 수행하러 온 사람들에게 큰 위안이 되었을 것이다. 달이 지는 망월돈대에서 막걸리를 돌리며 고향 이야기를 하는 병사들의 모습을 상상하면 괜히 마음이 짠해진다.

돈대 근무는 고달팠다

강화도 진무영의 그 많은 병사는 사실 신기루 같은 존재들이었다. 훗날 병인양요 때는 모두 도망가고, 신미양요 때는 훈련된 병사가 부족해 함경도 포수들을 불러와야 했다. 운요호사건과 강화도조약 때는 일본군이 조선 병사들을 모두 물리치고 무혈 입성하기도 했다. 결국 1884년 조선군의 해체와 함께 진무영도 사라졌다. 돈대는 텅 비었고 무너져갔다. 한국전쟁 때는 미군이 강화도를 점령하고 돈대를 기지로 사용했다. 그로부터 지금까지 돈대는 해병대의 초소로 군이 활용하고 있다. 해질녘 무태돈대 옆 초소에서 하염없이 바다를 주시하는 해병의 서글픈 연가가 들려오는 듯하다.

망월돈대는 망월평야의 해안선 중간 지점에 위치해 있다. 이 돈대는 강화도의 서북방면에 위치한 낙성돈대와 마찬가지로 수로를 통해 침입하는 적을 대비하기 위한 방어시설인 듯하다. 이곳에서부터 북쪽으로 무태돈대까지 장성이 축조되어 있었다고 전해진다.

무태돈대는 평면 형태가 남북 장축의 장방형으로 남북 51미터, 동서 21미터이고, 문지 및
서쪽 포좌가 있는 일부만 원형을 유지하고 있으며, 그 외 대부분은 기단부만 남아 있다. 동
쪽 문지가 남쪽 성면으로 치우쳐 있으며, 돈대가 자리한 곳은 해수면과 가깝다. 현재 4문의
포좌를 복원했다. 지방문화재자료로 지정되었다.

무태돈대는 부근에 교동도로 가는 선착장이 있어서 관광객의 발길이 끊이지 않는다. 인화
돈대, 광암돈대, 구등곶돈대, 작성돈대와 함께 인화보의 관할하에 있었다. 장방형 구조로
둘레가 145미터, 석벽의 높이는 1.2~5.3미터이다.

망월돈대는 진무영에서 직접 관할하는 영문 소속 돈대였다. 장방형 구조로 둘레 124미터, 석벽의 높이는 1.8~3미터이다. 대개 돈대들이 해안가의 높은 지대에 위치해 있는 것과 달리 망월돈대는 갯가 낮은 지대에 축조되었으나 시야를 가리는 방해물이 없어 경계초소로 부족함이 없었다. 남쪽으로 계룡돈대, 북쪽으로 무태돈대가 있다.

3부
돈대의 수난

관우는 왜 우리 신이 되었나?

|

쌀과 바꾼 휴암돈대, 적북돈대, 낙성돈대, 숙룡돈대, 소우돈대, 빙현돈대
강화읍에서 만난 관우에게서 노병을 떠올린다
조선의 신흥종교 관제

강화도의 지도를 보며 돈대를 찾아다녔다. 사실 54개의 돈대 위치를 상세히 기록한 지도 따위는 없다. 모두 지번 하나에 의지해 돈대를 찾아 헤매곤 한다. 그나마 돈대가 자리를 멀쩡히 지키고 있으면 쉽게 찾을 수 있지만 그렇지 않다면 난감할 뿐이다. 돈대를 찾기 힘든 대표적인 곳은 연미정 북쪽의 돌모루에서 신이포까지 약 6킬로미터 구간이다. 이곳은 특이하게도 일직선으로 뻗어 있는데 이곳에 존재했던 6개의 돈대들은 방조제 때문에 사라져 지금은 찾아볼 수 없다. 이 방조제 뒤편은 거대한 들이 펼쳐져 있는데 모두 인간이 만든 간척지이다. 원래 지면에서 높지 않은 곳에 축조되었다가 간척사업의 영향으로 그리된 것이다. 돈대를 구성했던 수많은 면석들은 지금 제방의 기단부에서 잠자고 있을 것이다. 적들로부터 땅을 지키던 돌들이 지금은 바닷물을 막고 있으니 농부들로서는 감사할 일이지만 사라진 돈대에 관해서는 마냥 아쉽기만 하다.

간척지 공사가 파괴한 6개의 돈대들

일단 연미정에서부터 민통선지역을 둘러보기로 했다. 본래 민통선은 농사는 지을 수 있어도 사람은 살 수 없는 지역인데 이곳은 그렇지 않았다. 다만 오가는 사람들을 감시할 뿐이었다. 그마저도 형식적이었는데, 주민은 물론이고 관광을 온 사람도 그냥 주민등록증 한번 제시하면 끝이었다. 그래도 돈대는 찾기 어려웠다. 돈대 터는 모두 해병대들이 차지하고 있었기 때문이다.

월곶돈대 바로 북쪽에 휴암돈대鵂巖墩臺가 있다. 고성마을 뒷산에 자리하고 있는데 기록에는 3미터 정도의 성벽이 있다고 하지만 원래 어떤 모습이었는지 알 수 없게 훼손되었다. 주민들이 부르던 돈대 이름이 '시장골'이었던 것으로 보아 근처에서 가장 큰 장이 섰던 모양이다. 바로 얼마 떨어지지 않는 곳에 적북돈대赤北墩臺가 있다. 같은 야산의 두 낮은 봉우리에 2개의 돈대가 들어선 것이다. 김석주의 원래 설계로는 전방후원형이었는데, 지금은 어떤 모습이었는지 알 수도 없을 뿐만 아니라 면석 하나 찾아볼 수가 없다. 다시 북쪽으로 조금 더 올라가면 숭뢰저수지가 나온다. 이곳이 낙성돈대樂城墩臺가 있던 자리이다. 지금은 저수지 아래에서 옛 기와편들이 조금 발견될 뿐이다. 이는 저수지를 만들 때 제방 건설용 돌로 사용되었기 때문이다. 실제 모습이 어떠했는지는 완전히 잊혀버렸다. 지도를 보면 저수지가 있는 상도리 부근은 산자락에 민가가 모여 있는데 이는 주변이 과거 갯벌이었기 때문이다. 물이 들어오면 주변은 온통 바다로 지금의 산들은 모두 섬이었던 셈이다.

이곳에 숙룡돈대宿龍墩臺, 소우돈대疎雨墩臺, 빙현돈대氷峴墩臺가 있었다. 이 3곳의 돈대는 지금 자취도 없이 사라졌는데 모두 광복 후 제방을 쌓는 데 이용되었기 때문이다. 게다가 이 터를 군부대가 장악해 초소를 만드는 바람에 흔적마저 찾아보기 힘들게 되었다. 휴암돈대에서 빙현돈대까지 6개의 돈대는 그 실체가 완전히 사라졌다. 훗날 학자들이 복원을 하려고 해도 남아 있는 것은 숙종 때 김석주가 지어 올린 돈대 설치 시행 지침서뿐이니 실제로 어떻게 건설되었는지는 알 수가 없다. 군사시설이 인간을 먹여 살리는 농사를 만드는데 쓰였으니 참으로 반가운 일이라 해야 하는데, 역사적인 유적이 사라져 아쉽기도 하다.

돈대를 둘러보고 강화읍으로 들어왔다. 돈대와 큰 상관은 없지만 꼭 들러볼 곳이 있었다. 관우를 모신 3개의 사당으로 동관제묘, 북관제묘, 남관제묘이다. 이곳들이 강화 읍내에 몰려 있었다. 조선의 수도인 한양과 같이 동서남북에 사당을 지었다면 꼭 있어야 할 서관제묘만 없다. 사당들이 이미 '제' 자를 사용한 것을 보면 이는 고종의 영향으로 관왕이 아닌 관제로 격상된 후로 보아야 할 듯하다. 그중에서도 북관제묘는 1892년(고종 29) 강화산성의 수문장이었던 윤의보尹義普가 세웠다는 기록이 남아 있다. 이는 강화도에 주둔하는 군사들 사이에서 관우 신앙이 성행했을 것이라는 추론도 가능하다. 한 세기 전에는 관우 신앙이 매우 대중적인 종교 중 하나였다. 하지만 강화도조약 이후 20년이 흐른 당시는 진무영도 유명무실했을 터이고 늙은 병사들이 강화도에 자리를 잡고 사당에서 소일을 했을지도 모를 일이다. 현재 3개의 사당 모두 관우를 모시는 민족종교단체나 무속인들이 관리하고 있다. 지금도 관우를 신으로 모시는 이가 과연 있을까만, 어릴 적 할머니들이 제물을 싸들고 관묘에 가는 풍경을 기억하는 이들도 적잖이 있을 것이다. 젊은 사람들에게는 아주 의외이거나 신기한 일처럼 느껴질 수도 있다. 관우는 사실 요즘 같은 평화 시기가 아닌 외세의 압력이 거칠게 몰아치던 조선 후기에 추앙받던 인물이다.

강화도에 몰려 있는 관우의 사당

한국인들의 『삼국지연의』와 관우에 대한 사랑은 중국인 못지않다. 우리나라에서 가장 많이 팔린 대하소설은 분명 『삼국지』일 것이다. 그럼 『삼국지』 사랑은 언제부터였을까? 중국의 예를 들면 삼국 멸망 이후 진晉나라의 학자 진수陳壽가 정사 『삼국지』를 편찬했고 그 이야기가 누대로 전해졌다. 그러다 송대宋代에는 연극을 위한 희곡으로 여러 판본이 만들어졌고, 원명 교체기의 소설가 나관중羅貫中이 장회소설 형식으로 지금의 『삼국지연의』를 저술했다. 이 소설의 여러 주인공 중에서도 특히 관우는 최고의 명장이자 충신으로 그려지고 있다. 또한 신으로까지 추앙된 유일한 인물이기도 하다.

북송 때 관우는 이전 '후'의 지위에서 재평가되어 1102년(숭녕 원년) 휘종은 관우를 '숭녕진군충혜공'으로 추봉했다. 1109년(대관 3)에는 '공'에서 다시 '무안왕'으로 추존되었다. 그리고 금나라의 침략을 받은 1107년 휘종은 관우를 관왕으로 모시고 추앙했다. 이후 중원은 줄곧 오랑캐들의 나라가 되었다가 다시 한족의 명나라가 건국되면서 정사 『삼국지』와는 해석이 전혀 다른 나관중의 『삼국지연의』가 출현해 베스트셀러가 되었다. 송대에 관우에 대한 평가가 높아진 것은 군사력이 미약하고, 북방에서는 요나라가 건국되어 날로 강성해지고, 이후에 금나라와 원나라가 건국되어 송나라에 커다란 위협이 되었기 때문이다. 이후 명대에는 1368년(홍무 원년)에 순천부 정양문에 묘를 세우고 제왕의 제묘와 함께 관우를 병렬했다. 1582년(만력 10) 신종은 관우를 '협천대제'로 봉하고, 임진왜란중인 1594년(만력 22) 도사 장통원張通元이 요청으로 관우를 제에 봉해 관제묘라 했다. 1614년(만력 42)에는 관우를 '삼계복마대제신위원진천존관성제군'에 봉해 신神·귀鬼·인人의 삼계를 관장하게 했으며, 태수 이은을 파견해 제사를 올리게 했다. 그후 1630년(숭정 3)에는 '진원현응소명익한천존'에 봉해졌다. 명나라는 관왕을 급기야 관제로 한층 더 격상해 인간을 초월한 존재로 대접했다. 약 500년간 중국에서는 관우가 후에서 공으로 다시 왕이 되었다가 종국에는 제가 된 것이다.[46]

일본의 조선 침략은 명나라를 거냥한 것이기도 했다. 명나라는 당연히 큰 비용을 치르며 조선에 군대를 파견했는데 이것이 바로 임진왜란이다. 이때 내려온 명나라의 장수들이 조선에 경쟁적으로 관묘를 세웠다. 한양, 상주, 안동, 남원 그리고 수군 장수 진린陳璘의 고금도 관묘까지 조선 전역에 관우의 사당이 들어서게 되었다. 하지만 조선의 사관들은 이런 현상에 대해 매우 비판적이었다. 조선의 지식인들은 전후 복구는 모른 체하고 사당을 세우는 것 이외에도 『삼국지연의』 속 관우 숭배를 싫어했다. 하지만 허균許筠은 선조의 명으로 다음과 같이 호의를 담아 글을 쓰기도 했다. "만세덕이 천자의 명을 조하하기를 '관공의 혼령은 본래 중국에서 나타났는데 왜구를 평정하는 전역에도 또한 참여하여 수고하였으니, 본국은 마땅히 관왕에게 제사지내야 한다. 천자께서 먼저 그 비용을 보내셨으니 왕은 이 명을 받들어 주선하여서 천자의 뜻을 시행하고, 그 은혜에 보답하도록 하라.' 하므로, 나는 이 명을 듣고 공손하게, '관왕의 덕과 천자의 명을 나 소자가 어찌 소홀히 하겠습니까?' 하고, 이에 공조판서에게 명하여 산에서 재목을 베어오고, 야철하고 기와 굽는 기구와 기술자들의 무리들로 작업하게 하였다. 능히 우리나라의 난리도 구원해주어 우리 성천자의 동방에 대한 근심을 풀어주었고, 우리 국토 백만 백성은 그 복을 받아 평안하게 되었으니, 우리나라 사람들이 사당을 존숭하여 무궁토록 제사지내게 하길 바라는 것도 당연하다 할 것이다. 나는 우러러 생각하건대, 천자의 은혜와 관왕의 덕은 감히 마음에서 잊지 못하겠다."[47]

나관중의 『삼국지연의』는 이미 세종 때부터 사대부들에게 널리 읽혔다. 이후 국내 활자본이 나왔고 언문 소설도 등장했다. 이것이 임진왜란을 통해 관우 숭배로까지 이어지자 하나의 신드롬이 되었다. 특히 강화도 돈대를 건설한 숙종은 재위 초부터 자신의 말에 『삼국지연의』 속 줄거리를 인용하기도 했다. 이는 실록에도 자주 나오는 내용으로 대신들은 문체가 저열하다는 이유로 이를 나무랐다. 하지만 숙종은 전혀 굴하지 않고 관묘를 자주 찾아 제사를 지냈고 그 매뉴얼까지 제시했다. 숙종은 전국 관왕묘를 조사해 보수하도록 했고, 관원을 보내 관리하게 하는 등 관왕묘 부흥에 매우 적극적인 모습을 보였다. 그렇다면 한동안 잊혔던 관왕묘가 당시 존주론(주나라를 존중하는 유교적인 관념)의 분위기 속에서 새롭게 재조명받게 된 이유는 무엇일까? 첫째, 관왕묘는 임진왜란으로 명나라가 남긴 문화적 흔적이다. 명나라에게 은혜를 갚는 가장 적합한 유적이기도 했다. 둘째, 성리학자들의 존주론 강화에 『삼국지연의』가 긍정적인 역할을 했다는 점이다. 『삼국지연의』는 『춘추』와 『자치통감강목』의 정신을 계승해 촉한의 주인공을 우상시하는 데 초점을 맞추고 있는데, 특히 조선 후기에 유행한 '모종강毛宗崗 평점본評點本' 『삼국지연의』는 촉한정통론에 더욱 충실하게 서술되었다. 숙종은 직접 시를 짓기도 했다. 수정공은 관우를 뜻한다.

평소에 내가 수정공을 사모함은　　　　生平我慕壽亭公

절의와 정충이 만고에 높아서이네.　　節義精忠萬古崇

광복에 마음 쓰다 몸이 먼저 갔기에　　志勞匡復身先逝

천추토록 열사들 가슴에 눈물 그득하네.　　烈士千秋涕滿胸

숙종의 애틋한 관우 사랑

관우 신앙은 영조와 정조까지 이어졌다. 강한 왕이 국가를 지배하는 '군강신약'을 바라던 그들에게 무신 관우의 모습은 바로 자신들에게 투영된 모습이었기 때문이다. 관묘가 급기야 국가 제사의 하나로 격상되었는데 바로 고종 때였다. 나라의 운명이 풍전등화와 같은 이때 다시 관우가 호출되었다. 전국에 관묘가 세워지고 한양에는 동서남북 4개의 관묘가 신설, 정비되었다. 이 무렵 돈대가 있는 강화도에도 관묘가 등장했다. 아니 훨씬 먼저 세워졌겠지만 현재 강화도에 남아 있는 3개의 관묘는 모두 고종 때 다시 세워진 것들이다. 사실 고종의 관우 신앙에 대한 관심은 즉위 초 능행할 때 선대왕들과 마찬가지로 관왕묘에 들러 전배하고 낙후된 시설을 보수하는 정도였다.

그러나 19세기에 간행되기 시작한 도교 서적의 영향을 받은 도교사상이 확산되고 다양한 도교 경전이 국가 주도로 편찬되었다. 대부분 삼성(관우, 문창, 부우)에 관한 경전이 중심이 되었는데, 그중에서도 관우에 대한 경전이 많았다. 예를 들면『관성제군성적도지전집』은 관우의 일생을 미화 및 윤색한 것으로 관우 신앙에서 경전으로 여겨졌다. 또한『단국현성전』은 중국의 판화를 그대로 복각해 1876년(고종 13)에 간행한 것으로 서문은 박규수가 쓰고, 발문은 성균관대사성 김창희가 쓰기도 했다. 당대 지식인들이 관우 찬양에 앞장선 것이다.[48]

1882년(고종 19) 6월에 발생한 임오군란은 관왕에 대한 조선 왕실의 사랑을 훨씬 더 깊게 만들었다. 임오군란 때 반란군들은 명성황후를 '만악'의 근본으로 여겼으며, 명성황후는 장호원에 있는 민응식의 시골집으로 피신했다. 황현黃玹의『매천야록梅泉野錄』에서는 다음과 같이 기록하고 있다. "중전이 충주로 피신했을 때 한 여자 무당이 찾아와서 배알했다. 그 무당에게 환궁할 때를 점쳐보도록 했는데 날짜가 틀리지 않았다. 그래서 중전은 그 여자를 신통하게 여겨서 데리고 환궁하였다. 무릇 몸이 좋지 않을 때 그 무당이 손으로 아픈 곳을 만지면 증세가 금방 덜해지곤 하였다. 매일 중궁을 가까이 모시게 되어 그의 말이라면 들어주지 않는 것이 없었다. 무당은 드디어 드러내어 말하기를 자신이 관성제군의 딸이라면서 마땅히 신당을 세워 받들어야 한다고 주장하였다. 중전은 이 말을 그대로 따르고, 무당을 진령군으로 봉해주었다. 무당은 거리낌없이 궁전을 들락거리며 때로는 융복으로 단장하였는데, 양전은 손으로 가리키며 '참으로 군이 되었구나' 하며 웃었다." 황현의 기록처럼 명성황후는 진령군을 무한히 총애했다.

또한 갑신정변은 고종이 관우의 영험함을 믿을 수 있는 결정적 계기가 되었다. 고종은 정변을 피해 북관왕묘로 피신했다가 청나라 장수 통령 오조유吳兆有의 병영으로 거처를 옮겼는데, 이때 관우의 신령 덕분에 무사했다고 여기게 되어 관우 신앙에 깊은 관심을 보이게 되었다. 1920년대에 발행되었던 대중잡지 〈별건곤別乾坤〉에서 다음과 같이 소개하고 있다. "북묘 건축에는 우스운 이야기가 있으니, 즉 이태왕은 임오년 춘간에 우연히 한 꿈을 꾸었던 즉, 어떤 장한이 장검을 가지고 그를 해하려 하는데 관우가 구해주고 또 수일 후 꿈에도 또한 그와 같은 일이 있었으므로 원래 미신을 좋아하는 그들은 이 관우를 위할 필요가 있다 생각하고 내탕금을 지출하여 이 묘를 짓고 그 낙성식에는 왕이 친히 전작례를 행하고 왕세자까지 수행하며 또 비를 세우되 글은 왕이 어제하고 민영환이 쓰게 하였다. 그런데 공교하게도 그 익년 갑신지변에 이태왕은 이 북묘에서 난을 피했으므로 그와 일반 세상 사람들은 관왕의 현령이 부합한다고 더욱 관왕묘를 신앙하게 되었다." 그중에서도 진령군이 조선 사직을 위해 금강산 1만 2000봉마다 쌀 1섬, 돈 100냥을 바친 것은 유명한 일화이다.

하지만 1894년 7월(고종 31) 전 형조참의 지석영池錫永은 진령군을 "신령의 힘을 빙자하여 임금을 현혹시키고 기도한다는 구실로 재물을 축내며 요직을 차지하고 농간을 부린 요사스러운 계집"이라고 하면서 처벌해야 한다고 주장했다. 그러나 고종의 진령군과 관우의 영험함에 대한 믿음은 굳건했다. 고종은 진령군의 양아들인 경무국장 김사묵이 경무청에서 파출당할 위기에 처했을 때 그를 구해주기도 했다. 이처럼 고종의 관우 신앙은 임오군란 이후 등장한 진령군의 영향으로 더욱 커졌다. 그리고 이는 고종의 황제 즉위 후에 더욱 발전하는 모습을 보였다.

미신에 국고가 거덜나고

고종은 황제로 즉위한 뒤 이전까지 '관왕'으로 통용되던 관우의 칭호를 '관제'로 격상시켰다. 1901년 8월 고종은 다음과 같이 하교했다. "관왕묘를 높이 모시고 공경스럽게 제사지낸 지가 지금 300여 년이 되었다. 순수하고 충성스러우며 지조 있고 의로운 영혼은 천년토록 늠름하여 없어지지 않고, 중정하며 굳세고 큰 기백은 천하에 차고 넘쳐 오가면서 말없이 짐의 나라를 도와 여러 번 신령스러운 위엄을 드러냈으니, 경모하고 우러르는 성의를 한껏 표시해야 할 것이다. 더구나 역대로 행해온 예법이 있음에랴. 황제로 칭호를 높이는 제반 의식 절차를 장례원으로 하여금 널리 상고하고 택일하여 거행하게 하라."[49]

하지만 청룡언월도를 들고 있는 관우는 돈대 너머에서 최신식 군함과 자동소총으로 무장하고 침략해오는 외세를 막아낼 수는 없었다. 따지고 보면 송나라나 명나라 그리고 조선 모두 정신 승리에만 도취해 다가오는 실질적인 힘을 보지 못한 것이다. 귀신이 살아 있는 적을 물리친다는 것이 말이나 되는가?

월곶돈대에서 바라본 휴암돈대. 휴암돈대는 강화읍 월곶리 고성마을 뒷산 해안 끝자락에 위치해 있다. 돈대 터의 남동쪽으로 길이 3~4미터의 석벽 일부가 남아 있다. 현재는 군시설물에 의해 원래의 형태를 확인할 수 없다.

적북돈대 터 근처에서 발견한 군의 벙커. 적북돈대는 바다로 돌출한 육지의 첨단부이며, 낮은 야산의 정상부에 위치해 있다. 훼손된 상태가 심해 지표상에서 유적의 범위를 관찰하기는 어려운 상태이다.

낙성돈대 근처에서 발견한 어로 금지 표지판. 낙성돈대는 숭뢰저수지 동쪽에 있는 배수장 일대에 위치해 있었다. 저수지의 제방을 쌓으면서 유적은 완전히 파괴되었다. 저수지 내부 바닥에는 낙성돈대 터를 지나는 동서방향으로 과거 토성의 흔적이 보이며, 전하는 말에 의하면 저수지가 쌓이기 전까지는 길로 사용되었다고 한다.

숙룡돈대가 있었던 승뢰리. 금동산의 북서 자락 끝에 위치해 있다. 광복 후 제방 축조에 면석이 사용되었다고 한다. 토축의 흔적으로 그 대략의 규모만을 알 수 있는데, 남북 21미터, 동서 25미터의 방형에 가까운 돈대이다. 북쪽으로는 폭 3미터, 높이 1미터, 길이 25미터의 토축흔이 남아 있고, 남면에도 토축 일부가 잔존하고 있다.

빙현돈대 근처의 밭으로 당산리 박촌말이 있는 야산의 북사면에 위치해 있다. 빙현돈대
는 승천보 터와 가장 가까운 돈대로, 승천보에서 북서쪽으로 약 240미터 떨어져 있다. 현
재 돈대는 남아 있지 않으며 밭으로 경작되고 있다. 밭의 규모는 동서 32미터, 남북 32미
터 정도로 돈대의 크기와 일치하는 것으로 추정된다. 주위에서 자기편 일부가 발견되기도
했다.

소우돈대 터에서 바라본 조강 너머의 북한 땅. 소우돈대는 우뢰돈대라고 불리기도 한다.
금곡천의 하류와 바다가 접하는 합수부 남쪽에 위치하고 있다. 주위 평야 가운데에 우뚝
솟은 야산이 형성되어 있는데 이 정상에 돈대가 자리하고 있었다. 현재는 군시설물에 의해
상태를 파악할 수 없다.

병인양요와 천주교 도모지

|

덕진돈대와 초지돈대에 서린 기억들
병인년, 천주교도들과 프랑스 함대의 합동 공격
병인양요는 조선 인민들에게 무엇이었나?

조선이 언제부터 근대를 맞이했는가는 여러 설이 있어 명확히 단정하기 어렵다. 학문 교육의 근대일 수도 있고, 정치외교적인 근대도 있을 수 있다. 문화예술의 근대는 또 언제쯤일까? 그렇다면 내가 돌아보고 있는 돈대가 근대를 맞이한 것은 언제부터였을까? 그것은 아마도 1866년 병인년, 초지돈대草芝墩臺가 멀리 인천으로부터 들어오는 프랑스 함대를 목격한 때가 아닌가 싶다. 그래서 초지대교를 건너 덕진돈대德津墩臺와 초지돈대를 둘러보기로 했다. 먼저 이 두 곳은 다른 독립적인 돈대와는 공간적인 구성이 다르다. 그래서 강화도의 진·보·돈대의 구성을 알아야 한다. 본부라고 할 수 있는 곳은 강화읍성에 있는 유수부이다. 그 아래 진이 있고 또 그 아래 보가 있다. 돈대는 가장 말단에 위치한다. 덕진돈대는 덕진진 내부에 있는 돈대이다. 규모가 큰 덕진진은 강화 외성과 연결된 진성을 가지고 있고 따로 조선 최고의 포를 갖춘 덕포포대도 소속되어 있었다. 이곳에 군사 500명 정도가 주둔하며 상근했다.

진성문을 지나 덕진돈대로 발길을 옮겼다. 벽체를 보니 기울어진 들여쌓기를 하여 임진왜란 당시 철옹성이었던 왜성을 참조했음을 알 수 있다. 이리하면 적의 포 공격에 유리하기 때문이다. 안으로 들어가보니 장방형으로 동쪽이 약간 좁았다. 포는 동쪽으로 2문, 남북으로 1문씩 총 4문의 포가 있었다. 이곳은 다른 돈대들과 달리 실제 포를 갖추어놓았다. 병인양요 때 장수 양헌수梁憲洙는 김포에서 배를 몰래 타고 덕진진으로 들어와 정족산성에서 전투를 벌였다. 이처럼 덕진진과 돈대는 신미양요 때 크게 파괴되어 1977년 박정희가 국방유적 복원정화사업을 벌이면서 복원되었는데, 오늘의 이 모습인지는 알 수가 없다.

우리에게 근대는 언제부터일까?

사실 54개 돈대에는 돌이 만들어낸 성곽 외형 이외의 별다른 정보가 남아 있지 않다. 계룡돈대에만 "강희제 18년 군위 어영군이 세웠다"는 문자가 새겨져 있을 뿐이다. 그런데 이것은 일반인들에게 잘 알려져 있지 않은 반면 초지진의 대포환 흔적은 매우 유명하다. 그 자리에 흰색 페인트로 선명하게 표시까지 해놓았다. 그런데 이 흔적은 진짜 포탄자국일까? 초지진은 강화도의 최남단에 위치하며 배가 염하로 들어오는 초입으로 어떤 배든 무조건 이곳을 거치게 되어 있었다. 병인양요 때 초지진에는 반농반군인 수오군 400명이 전부라 교전도 벌어지지 않았다. 프랑스 함대는 정말 그림처럼 스쳐지나갔다. 하지만 신미양요 때는 자세가 달라져 엄청난 포사격 교전이 벌어졌다. 그러나 조선의 포는 단 한 발도 명중시키지 못했고 미군은 무혈로 초지진에 입성했다. 당시 미군이 찍은 사진에 의하면 초지진과 돈대는 멀쩡했다. 미군이 물러가고 많은 충격을 받은 대원군은 강화도에 포병 중심으로 3000명 가까운 상시 병력을 배치했다. 하지만 그로부터 4년 뒤 일본의 운요호雲揚號가 인천을 거쳐 강화도에 도착해 초지진을 완전히 초토화시켰다. 그때 성곽의 기초만 남고 모두 붕괴되었디.

그렇게 시간이 흘러 강화도 진무영은 해체되고 나라는 일본의 손에 들어갔다. 이후 식민지 시절 초지진은 붕괴된 채 방치되어 누구도 그 폐허를 돌아보지 않았다. 총독부 박물관의 고적 조사에서도 빠져 있었는지 유리 건판 사진 1점도 찾을 수가 없다. 초지진과 돈대는 광복을 맞이하고 한국전쟁을 거쳐 1973년 박정희가 관심을 갖게 되었다. 자주국방이라는 이름 아래 전국에 있는 역사적인 전적지와 전쟁 영웅들의 새로운 역사 만들기가 시작되었다. 그렇게 초지진은 덕진돈대에 앞서 국방유적 복원정화사업으로 복원되었다.

그런데 지금의 초지진은 사실 초지돈대이다. 돈대 뒤편의 넓은 식당가가 원래 초지진 자리이고 초지진이라 불리는 것은 초지돈대이다. 주변의 돌을 모아 초지돈대를 상상으로 만들고 이름을 초지진이라 붙였다. 돈대에 다가가 성돌을 살펴보면 포탄 흔적이라고 표시한 곳이 있다. 마치 멀리 바다에 떠 있는 프랑스 함대나 미국 함대, 일본 운요호에서 날아온 포탄이 성벽을 때린 것만 같다. 하지만 이는 착각이다. 이 성벽은 완전히 새로 쌓은 것이라 어떤 돌이 원래 그곳에 있었는지 알지 못한다. 또한 흔적도 탄흔이라는 증거가 어디에도 없다. 그저 우리가 만든 상상일 뿐이다. 19세기 말 조선에게 이 전쟁들은 기억하고 싶지 않은 사건이었을 것이다. 그것이 100년이 흘러 위대한 조상들의 국가에 대한 충성으로 전화하고, 박정희 권력을 보존하기 위한 자주국방의 프로파간다로 진화했다. 기억이란 것이 선명한 것이라면 이렇게 기록될 리 없건만 편취하는 대로, 유리한 대로 출력되는 것이 또한 기억이기도 하다. 그런데 강화도의 인천가톨릭대학에서 교수단의 이름으로 전쟁 자체의 기억이 아닌 그 원인에 대한 오래된 기억을 소환하는 행사를 진행했다.

프랑스가 강화도 침략을 감행한 지 131년 만에 침략의 첨병 노릇을 했던 한국 가톨릭이 사건이 벌어졌던 바로 그 현장에서 뼈아픈 자기반성과 사과를 담은 성명서를 발표했다. 인천가톨릭대학이 교수단 이름으로 발표한 성명서는 한국 가톨릭이 병인양요에 대해 대외적으로 처음 밝힌 공식적인 입장이었다. 인천가톨릭대학 교수단을 대표해 성명서를 발표한 최기복 총장은 "새로운 세기인 2000년대를 앞두고 교황청을 비롯한 전 세계 가톨릭이 과거 역사를 성찰·반성하는 운동을 벌이고 있다. 성명서 발표는 이와 같은 운동에 동참하면서, 강화도민들에게 사죄·속죄하는 차원에서 이루어진 것이다"라고 발표 배경을 설명했다.[50] 특히 성명서에서 눈여겨볼 대목은 "당시 프랑스 정부의 의도와 국제 정세를 제대로 파악하지 못한 채 프랑스 함대를 요청하고 협력한 조선 천주교 신자들과 프랑스 선교사들의 행동이 결과적으로 우리 민족에게 큰 고통과 상처를 안겨주는 불행을 초래했다. 강화 도민과 민족에게 병인양요로 인한 아픔과 상처를 안겨준 데 대해 천주교인으로서 깊은 사과를 표한다"는 부분이다.

사실 한국 가톨릭은 지금까지 병인양요에 대해 정식으로 사과한 적이 없다. 종교에 국가가 어디 있겠느냐만 프랑스 주교나 선교사들은 철저히 자신들의 왕에 충성했고, 조선 현지 신자들은 철저히 반정부적이었으니 그 행위를 따지기는 해야 할 듯하다.

프랑스 침략의 앞잡이 역할을 반성한 신부들

숙종 이후 강화도의 돈대는 깊은 잠에 들었다. 아마도 돈대 하나당 3, 4명쯤 되는 병사들이 교대로 근무했을 것이다. 실제 전투가 없던 시간이 오래되면서 돈대의 기능도 그저 형식이 되어갈 때쯤인 1866년 병인년에 화들짝 깨어났다. 중국에 주둔중이던 프랑스의 극동함대가 나타난 것이다. 광성보와 갑곶돈대는 순식간에 불타버리고 강화 읍성은 군병이 모두 도주한 무주공산이 되었다. 프랑스 군인들은 한 달 가까이 강화도를 점령하고 약탈과 방화를 일삼았다. 이 때문에 한양은 한강이 봉쇄되어 세곡선이 들어오지 못하게 되자 물가가 치솟고 수많은 백성들이 피난을 떠났다. 프랑스의 7척 함대와 600명의 해군으로 인해 온 나라가 마비가 된 것이다. 바로 병인양요이다. 우리로서는 근대의 관문에서 최초로 일어난 서양세력과의 폭력적인 만남이기도 했다. 하지만 이 사건은 우연히 일어난 것이 아니다. 바로 같은 해 초에 발생한 병인박해가 도화선이 되었다.

1839년 최초의 천주교 박해사건인 기해박해 때 프랑스인 신부 3명이 처형된 후 조선에서는 주기적으로 박해사건이 일어났다. 병인박해의 원인은 여러 가지이겠지만 러시아의 남진에 대한 외교문제에 프랑스 선교사들이 끼어들며 조선의 조정으로부터 의심을 산 것도 그중 하나이다. 병인년 2월 프랑스 선교사 12명 중 9명과 조선인 주요 신자들이 체포되어 사형에 처해졌다. 이때 도피한 3명의 신부 중 한 명인 펠릭스 클레르 리델Félix Clair Ridel은 청나라 천진天津으로 탈출했다. 리델은 자서전에서 조선을 탈출할 때의 심경을 이렇게 기술했다. "우리는 무사히 강을 건너 첫번째 섬에 닿았다. 그 섬의 한쪽에서는 조선의 대형 선박들이 오르내리고 있었고, 섬의 다른 쪽, 즉 같은 강의 다른 지류 쪽으로는 수없이 많은 중국 배들의 돛이 강 위를 누비고 다니는 것이 보였다. 뭍으로 올라온 나는 다시 한번 뒤를 돌아 이 아름다운 조선, 나의 사랑하는 선교지를 한참 동안 바라보았다! 이 얼마나 아름다운 경치인가! 얼마나 눈부시게 아름다운 전경인가! 그것은 마치 어쩔 수 없이 작별해야 하는 나에게 보내는 조선의 미소와도 같았다. 나는 마음속으로 조선을 포옹하며, '잘 있어라! 곧 다시 보자!'라며 조선을 향하여 나의 가장 다정한 강복을 주었다."[51]

리델은 프랑스 공사와 극동함대 사령관에게 박해 소식을 알리고 구원을 요청했다. 그리고 자신이 직접 함대의 길잡이가 되어 강화도로 쳐들어왔다. 이런 측면에서 보면 기독교 선교와 제국주의 침탈은 동전의 양면이다. 이때 프랑스 공사는 청나라 공친왕에게 다음과 같은 외교문서를 보냈다. "얼마 전 조선으로부터 소식을 들었는데 금년 3월 사이에 조선 국왕이 갑자기 하나의 명령을 내려 프랑스 주교 2명과 전교사 9명 그리고 조선의 전교사 7명과 신자 남녀노소를 모조리 살해했다고 합니다. 이렇게 포악한 짓을 저질렀으니 조선은 스스로 패망할 것입니다. 그런데 조선이 중국에 조공을 바치는 나라이므로 프랑스가 장차 군사를 일으킨다는 사실을 공친왕에게 알립니다. (……) 프랑스는 즉시 조선을 쳐서 잠시 그 나라를 점령했다가 그후에 다시 가서 누군가를 왕으로 세우고 그 땅을 지킬 것입니다. (……) 지난번 공친왕은 말씀하시기를, 조선은 비록 중국에 조공을 바치는 나라이지만 모든 내정을 스스로 알아서 한다고 했으니, 조선은 전진소약에 해당되지 않습니다. 이에 프랑스기 조선과 교전하더라도 중국은 간여할 수 없습니다." 공친왕은 이 문제를 나름 해결해보려고 노력했지만 청나라는 이미 프랑스의 상대가 되지 못했다. 그는 조선에 프랑스의 공격을 알렸다.

하지만 이런 사태의 발생 원인은 사실 조선 내에서 찾아야 한다. 이미 서원 철폐 등으로 유림들과 정치적 적대 상태에 있었던 대원군에게 속죄양이 필요했던 것이다. 초기에 신자들이 배교를 하거나 추방을 받아들였으면 이렇게까지 사건이 커지지 않았겠지만 대부분 이를 거절했다. 문제는 병인양요로 전쟁까지 일어나자 천주교 박해는 어마어마한 규모로 전국을 휩쓸었다. 한국학중앙연구원의 권희영은 "병인박해는 강경파의 명분에 밀려 벌어진 일로 불안과 공포로 인한 자신감의 상실이 그 원인"이었다고 진단하면서 "문제는 천주교도들을 희생양으로 삼은 것이다. 천주교 박해는 비열하고도 광기어린 행동이었다. 그것은 권위와 권력에 아무런 자신감도 없는 자들이 하는 협박이었고 그 공포를 통해 체제를 유지하려는 것이었다. 여기에서 우리는 중세 말기 유교의 한계를 본다. 인의 정치는 실종되고 제사와 전례 문제를 핑계로 수천의 무고한 백성을 학살하는 유교 문명의 한계인 것이다"라고 질타했다. 일본 역사학계의 권위자인 강재언은 "조선의 비극은, 외압에 의해 쇄국에서 개국으로 전환할 수밖에 없었던 바로 그 직전까지 천주교 탄압이 계속되었고 이와 더불어 18세기 후반기부터 겨우 싹터온 서양의 문물에 대한 연구가 1801년부터 70여 년 간 절멸했다는 데 있다"고 했다.[52]

병인양요는 사실 조선이 스스로 화를 부른 것

특이한 것은 당시 순교가 여성 우위였다는 점이다. 이 기간에 검거된 천주교도 중 남녀의 비율은 남자 셋에 여자 하나였지만, 배교하지 않고 순교한 여성의 비율은 남자 하나에 여자 둘이었다. 이는 여자의 신앙심이 더 깊었다는 증거지만 그 이유에 대해서는 다양한 해석이 존재한다. 1866년 처형된 베르뇌 주교는 "조선 민중의 성격은 매우 단순하여 사리를 깊이 따지기 싫어한다. 성서의 진리를 가르치면 곧 감당하여 믿음에 들고 어떠한 희생이라도 무릅쓴다. 하지만 진리를 풀이하면 잘못 알아듣는다. 특히 부녀자들과 천민층 남자들이 그러하다"고 했다. 1868년 감옥에 갇힌 지식층 여신도 한성임은 "미련한 여인들은 겨우 한 구절의 성서만을 외우고는 바로 세례를 받는다. 그리하여 천당에 갈 줄 알고 기꺼이 죽임을 당한다. 마치 불꽃 속에 뛰어드는 부나비들과 같다"며 우매한 부녀자들의 값싼 신앙 태도를 한탄했다.[53]

천주교인을 색출해 곳곳에서 고문과 사형이 난무했다. 1871년까지 약 8000명이 사살되고 2만 명 이상이 연루되었다. 집안 자체에서 명예살해한 것까지 합하면 얼마인지 가늠할 수 없을 정도이다. 이 살해에 많이 이용된 것이 '도모지'형이다. 도모지는 조선에서 폐륜을 저질러 강상죄에 해당하는 가족을 몰래 살해하는 데 활용되던 방법이다. 몸에 상처가 나지 않아 자연사로 은폐할 수 있었다. 방법은 얼굴에 한지를 덮고 물을 뿌리는 것이다. 물보다 입자가 더 조밀한 막걸리를 뿌리기도 했다. 이렇게 한 장, 두 장, 세 장까지 덮으면 사람은 고통스럽게 질식사하게 되는 것이나. 이 같은 방법으로 수많은 집안에서 명예살인이 자행되었고 형장에서도 같은 방법으로 천주교인을 처형했다. 얼마 전까지도 이 땅에서 횡횡하던 물고문이었다. 그래서 황현의 『매천야록』에서는 도모지는 어찌할 방법이 없다는 뜻의 '도무지'가 되었다고 한다.

강화도에서도 수많은 천주교인들이 처형되었다. 순교자로는 최인서, 장치선, 박서방, 조서방 등이다. 특히 장치선은 리델 신부를 중국으로 도피시켰고, 최인서는 프랑스 함대가 조선을 침략할 때 물길 안내인까지 한 인물이다. 이 프랑스 함대를 타고 조선의 땅을 다시 보았을 때 어떤 심정이었을까를 생각해보았다. 외세를 등에 업고 고향으로 돌아온 그는 역적이었을까, 사도였을까? 당시 이들은 조선의 정부보다 예수가 더 소중했던 개인 백성이었다. 국가가 개인을 극한의 고통으로 몰아넣으면 돌이킬 수 없는 사태가 벌어진다는 것을 역사가 알려주고 있다. 병인양요는 그래서 이 나라의 서구식 근대의 출발점인 것이다.

덕진돈대의 외벽. 돈대의 북쪽으로 덕진포대와 연결되어 있다. 평면은 장방형으로 동쪽이
약간 좁은 편이다. 동쪽에 2좌, 남북에 각각 동쪽으로 치우쳐 1좌씩의 포문을 설치했고, 현
재는 정비되어 그 보존 상태가 양호하다. 폭은 남북 26미터, 동서 34미터이다. 서쪽의 중앙
에 출입구 시설을 두었으며, 돈대의 벽체는 들여쌓기를 했다. 1977년에 복원되었다.

덕진돈대의 내부 전경. 덕진돈대는 손돌목돈대와 함께 덕진진에 소속된 2개의 돈대 중 하나로, 북쪽의 광성보와 남쪽의 초지진 중간에 위치해 있어 강화 수로에서 가장 중요한 요새 역할을 했다. 또한 신미양요가 일어났을 때 남장포대, 덕포포대와 함께 미국의 아시아 함대와 이틀에 걸쳐 치열한 포격전이 벌어졌던 곳이다. 돈대의 남쪽 염하가 내려다보이는 곳에는 당시 통상수교거부정책을 짐작하게 하는 '강화 덕성리 경고비'가 세워져 있다.

초지돈대는 강화군 길상면에 위치하고 있는데 해상으로 침입하는 적을 방어하기 위해 구축한 진지이다. 1870년대 미국과 일본의 침략에 맞서 싸운 전적지이기도 하다. 돈대 높이가 4미터 정도이고, 장축이 100여 미터 되는 타원형으로, 이 돈대에는 3개소의 포좌와 총좌(여장) 100여 개가 설치되어 있다. 그 외 조선시대 대포 1문이 포각 안에 전시되어 있다. 초지돈대는 1973년에 복원되었으며, 사적 제225호로 지정되었다.

초지돈대의 포탄자국. 신미양요 때 진내에 있던 군기고·화약고·진사 등 군시설물은 미군에 의해 모두 파괴되었다. 포대에 남아 있던 40여 문의 대포 역시 파괴되거나 강화해협으로 굴러떨어졌다. 운요호사건 때는 110밀리미터와 40밀리미터 함포로 포격을 가해 초지진 포대는 일시에 파괴되었다. 그뒤 초지진은 폐쇄되어 시설은 모두 허물어지고 돈대의 터와 성의 기초만 남아 있었다. 현재의 돈대는 복원한 것이라 포탄자국은 허위이다.

전쟁에 나선 병사들은 무얼 먹었나?

|

양암돈대와 후애돈대에서 만난 고구마
병인년 실록에 실린 조선군의 식량 목록
조선의 군대는 이렇게 먹었다

54개의 돈대들이 축조된 것이 벌써 340년 전이니 멀쩡하게 보존
되었다는 것이 더 이상한 일일지도 모른다. 하지만 돈대가 무너지기
시작한 것은 일제강점기부터이니 그리 오래된 일도 아니다. 100년
사이에 돌보지 않고 방치하다보니 대부분의 돈대는 원래의 모습을
잃었다. 그런데 돌보지 않은 것이 정치적이거나 군사적인 효용 여부
와 상관없이 그냥 사라져버린 것들도 있다. 그런 돈대를 찾아나섰
다. 초지대교를 지나 강화도의 남쪽 해안도로를 조금 달리다보면 선
두리가 나온다. 이곳에는 어판장이 여럿 있는데 전에는 파시가 형성
될 정도로 물고기가 넘쳐나던 곳이다. 하지만 지금은 40여 척의 어
선이 조업을 하고 그중 절반 이상이 횟집을 직접 운영해 실상 어판
장에 내다팔 고기가 없다. 그래서 선두리 하면 요즘은 서해안 생선
으로 만드는 회나 매운탕이 유명하다.

선두리에 2개의 돈대가 있다. 먼저 만나볼 돈대는 선두리를 찾
는 사람이라면 꼭 찾아보는 후애돈대後崖墩臺이다. 후애라는 말처럼

절벽 뒤에 돈대를 쌓았다. 이 돈대도 강화군이 관광사업 활성화를 위해 1998년에 복원한 돈대 중 하나이다. 성벽의 면석에는 아라비아 숫자가 적혀 있는데 이는 전에 무너져내린 돌을 수습해 나름 퍼즐 맞추기를 한 것이다. 여장도 완전히 복원되었다. 원래 모습이 잘 남아 있어 거의 원형대로 복원이 이루어졌다고 한다. 내부로 들어가니 돌계단도 남아 있고, 주변의 잡초 정리도 잘 되어 있어 평소 관리를 잘하고 있는 듯했다. 정방형으로 내부의 둘레는 130미터쯤 된다. 여장에 기대 아래를 내려다보니 빈 초소 하나가 있었고, 앞은 광활한 갯벌이 펼쳐져 풍광이 일품이었다. 돈대를 따라 포장도로가 나 있었는데 이는 요즘 유행하는 둘레길이다. 사실 내가 돈대에 머무는 동안 한 명도 이 길을 지나지 않았지만 누군가 지나치며 이 돈대를 본다면 무슨 생각을 할까 궁금해지기도 했다. 사실 돈대 하나하나에 얽힌 사연이 기록되지 않아 돈대 이상의 의미를 부여하기는 힘들다. 그 사연을 기억하고 있을 주민이 남아 있을지도 의문이기는 하지만 구술 채록은 꼭 필요한 일이다.

파시를 보았을 후애돈대

후애돈대 근처에 잊힌 돈대가 하나 있다. 양암돈대陽巖墩臺이다. 이 돈대는 54개의 돈대 중 일찍이 폐쇄되어 용도가 사라진 돈대이다. 그때가 영조 때였는데 왜 그렇게 되었을까? 직접 눈으로 확인해 보니 그 이유를 알 수 있었다. 양암돈대 터는 밭으로 경작되고 있었는데, 돈대의 석축들은 붕괴되어 대부분 사라졌고 기단석들만 듬성 듬성 남아 있었다. 여기서 방조제가 있는 곳까지 1킬로미터쯤 된다. 즉 바다가 너무 멀어져버린 것이다. 이런 간척은 꽤 일찍 시작되어 1707년 선두포언이 완공되면서 선두평이 생겼다. 선두포언 남쪽에 위치한 양암돈대는 갯벌이 단단해지면서 자연스럽게 지리적인 이점을 잃은 것이다. 그때 갯벌 건너 갈곶돈대와 함께 폐쇄된 듯하고 허물어진 면석들은 제방을 쌓거나 여염집 주춧돌로 활용되었을 것이다. 지역 주민의 증언에 따르면 신두리와 분오리 사이에 빙조제가 또 만들어지기 전인 1960년대만 해도 이곳까지 바닷물이 들어왔다고 한다.

돈대를 확인하기 위해 밭으로 들어갔지만 남의 밭이라 함부로 돌아다닐 수가 없었다. 돈대 밖은 이미 깨를 털었고 돈대 안은 고구마밭이었다. 강화도 하면 '속노랑고구마'가 떠오른다. 이 강화도 고구마는 재래종으로 오랫동안 이곳에서만 재배되면서 나름 육종된 품종이다. 원래는 강화도 사람들이 '생미'라고 부르던 것인데 외지인들이 먹어보고는 그리 부른 것이 이제는 정식 명칭처럼 사용되고 있다. 고구마가 영조 때인 1736년 대마도를 통해 들어왔다는 것이 정설이니 19세기에는 강화도에서도 널리 재배되었을 것이다. 또한 고구마는 저장성이 좋아 겨우내 저장하고 먹을 수 있는 감자나 토란처럼 구황작물이다. 아마도 강화도에서 근무하던 진무영 같은 대규모 군사집단 식량으로 활용되었을 듯싶다. 그렇다면 당시 강화도에 주둔했던 병사들의 먹거리는 무엇이었을까? 주먹밥에 소금국이 연상되지만 자료를 찾아 당시를 재현해보는 것도 좋을 것 같다.

양암돈대 터에는 고구마밭이

1866년 진무영이 강화도를 침범한 프랑스 함대에게 허무하게 패하자 이에 맞설 순무영을 다시 설치했다. 순무영은 임시 군사조직으로 한양과 경기 지역의 여러 군영에서 차출되어온 1만 명 수준의 군대였다. 프랑스 해군 600명에 비해 매우 큰 수였지만 이들이 모두 직업군인이 아니었다는 점을 염두에 두자. 따라서 전쟁을 하는 데 필요한 군자금과 군수품은 중앙정부뿐 아니라 민간에서도 기부 형식으로 분담했다. 『고종실록』에는 순무영이 일반 백성들과 단체가 기부한 돈과 물품의 목록을 보고한 기록이 있다. 육군사관학교 교수 이상훈이 이 자료를 분석한 것을 토대로 당시 병사들이 무엇을 먹었는지 살펴보자.

일단 밥이다. 당시 조선 사람들의 식사는 밥 한 그릇, 국 한 그릇, 장류와 반찬으로 이루어졌다. 그럼 병사들은 어떠했을까? 밥은 주로 쌀과 콩을 섞은 혼식이었다. 고기류는 절대다수가 소고기였다. 122마리가 지원되었는데 돼지는 2마리뿐으로 소는 물품을 운송하는 수단이나 식량으로도 사용되었다. 당시 돼지는 식성이 사람과 비슷해 민가에서는 별로 사육하지 않은 듯하다. 현장에서는 사슴이나 노루도 사냥을 했다. 재미있는 것은 조류인데 꿩은 사냥을 해서 조달했지만 닭은 없었다. 요즘은 너무 흔한 것이 닭이지만 당시에는 닭이 매우 귀한 고기였음이 분명하다.

장 종류는 간장, 된장, 소금으로 고추장은 없었는데 당시 고추는 흔하지 않았던 듯하다. 강화도 인근 지역의 어촌 마을과 보부상들이 내놓은 젓갈은 새우젓과 굴젓이었다. 생선은 민어가 가장 많았고 조기와 준치도 있었다. 요즘과는 달리 민어가 흔한 시대였다. 평소 진무영은 한강으로 들어가는 모든 배에 세금을 징수했는데 이때 특히 생선으로 세금을 내는 경우가 많았으니 다양한 음식을 만들 수 있는 좋은 재료였을 것이다. 채소류는 주로 절인 종류였는데 특히 무를 챙겼다. 무는 저장성도 좋고 수분도 많아 갈증을 해소할 수 있었다. 전투가 장기화되는 것을 대비해 무씨도 챙겼다. 무씨를 아무 데나 심으면 싹이 빨리 니 이를 채소로 사용하기도 했다. 과실류는 밤과 감이 많았고 배가 조금 있었다. 주류는 탁주와 청주 지게미가 있었는데 청주는 특별한 쓰임새가 있었던 듯하다.[54] 이상을 종합해보면 다음과 같지 않았을까?

조선군들이 먹던 음식들

밥은 쌀밥에 콩을 섞고, 민어를 넣은 된장국을 끓인다. 짭짤한 새우젓과 굴젓 한 종지, 적은 양이지만 소고기 몇 조각을 병사들에게까지 나누어준다. 탁주도 한 사발 들이켠다. 식사를 마치니 1인당 감 하나, 밤 한 톨을 입가심으로 돌린다. 막사의 장교들 밥상을 보니 푸짐하게 구운 소고기가 올라 있고, 청주도 한 잔씩 돌린다. 남도에서 올라온 배는 하얀 것이 먹음직스럽다. 그리고 식사 후에는 기부받은 담배도 한 대씩 태운다. 뭐 이렇지 않았을까? 군의 기강이 문란하고 신분 차별이 심했던 조선 후기, 장교와 일반 병사들의 차별 대우는 지금보다 더 심했을 것이다. 그렇다면 진중에서의 식사가 아니라 전투중에는 무엇을 먹었을까?

전투식량으로 가장 빈번하게 나오던 것이 미숫가루였다. 미숫가루는 병자호란 당시도 자주 언급되던 전투식량이다. 그리고 절편이 있다. 쌀떡이라 밀도도 높고 보관도 용이했기 때문이다. 하지만 장기 보관은 힘들었을 것이다. 또 주먹밥도 있다. 이것도 절편과 마찬가지로 빨리 쉬기는 하지만 밥을 지을 때 식초를 넣어 보관을 길게 했다. 칼국수를 만들기 위한 밀가루도 전투식량이었다. 밀가루를 소주에 담갔다가 말리기를 몇 차례 반복하면 쉽게 상하지 않았다고 한다.[55] 병인양요 당시 문수산성이나 정족산성에서 프랑스군과 직접 전투를 벌인 병사들 주머니에는 절편과 미숫가루가 들어 있었을 듯싶다. 당시 가장 널리 활용된 전투식량인데다 만들기도 수월했으니 말이다.

후애돈대의 회곽로. 1998년 복원하면서 시멘트로 발랐으나 무척이나 날림이다. 이 돈대는
염하 부근의 복원한 돈대와는 다른 여장을 갖추고 있어 주목된다. 이러한 여장은 부분적이
기는 해도 미곶돈대에서도 확인할 수 있다.

후애돈대와 강화 둘레길. 돈대의 전면은 바다, 군시설물, 경작지로 둘러싸여 있다. 내부 계단이 남아 있는 것도 하나의 특징이다. 현재 폐교된 길상초등학교 선택분교 아래에 위치해 있다.

양암돈대 내부는 현재 경작지로 사용되고 있다. 전면과 측면은 모두 붕괴되어 기단석만 보인다. 포좌 추정은 개석의 현존 상태로 가능할 뿐이다. 후면에 좌우 기둥석이 현존하고 있어 문지 확인이 가능하다.

양암돈대의 면석들. 그나마도 많이 남아 있지 않다. 면석에 그랭이질을 한 것이 선명해 자연석과는 단번에 구별된다. 현재는 문화재 지정이 되어 있지 않고 특별히 관리하는 이도 없다. 수년 후에는 완전히 사라질 위기에 처해 있는 돈대이다.

만들어진 영웅 한성근

|

파괴된 석우돈대를 버리거나 천진돈대를 뭉개거나
전쟁 영웅 놀음은 예나 지금이나 똑같아
역사 조작은 언제고 들통난다

강화도 북쪽의 민통선지역은 염하와 한강 하구 그리고 조강을
마주하고 있다. 그런데 알고 보면 이곳은 비무장지대DMZ도 아니고
남방한계선NLL도 아니다. 단단히 무장하고 대치하고 있지만 사실은
한강 하구 중립수역이다. 강 위에서는 배가 어디든 자유롭게 다닐
수 있다. 하지만 해안선 철책 때문에 배를 댈 곳이 없어 불가능한 곳
이 있다. 동쪽의 염주돈대念珠墩臺에서 반시계 방향으로 인화돈대까
지 21개의 돈대가 여기에 속한다. 이 21개의 돈대는 몇 가지 부류로
나눌 수 있다. 지금도 여전히 군부대가 장악하고 군사적인 요충지로
사용하는 대표적인 곳으로서 최북단 불암돈대의 경우가 하나이고
군부대가 장악은 하고 있지만 이제는 사용하지 않는 곳으로 구등곶
돈대가 또하나의 경우이다. 멸실되었지만 군부대 때문에 접근이 불
가능한 곳으로 소우돈대처럼 제방건설로 사라졌지만 군부대는 존재
하는 경우이다. 거의 멸실되었으며 군부대도 방치한 곳으로 지금 가
볼 석우돈대石隅墩臺의 경우이다.

기괴한 모습으로 버려진 돈대

석우돈대는 갑곶돈대에서 북쪽 평화전망대로 가는 도로변에 위치해 있다. 서벽이 남아 있어 눈에 띈다. 도로에는 차를 세울 곳도 없어 위험하기 그지없다. 멀리 차를 세우고 한참을 걸어 돌아왔다. 언덕을 조금 오르면 돈대가 보인다. 그런데 참으로 희한하게 군부대가 사용하던 모습 그대로 남겨두었다. 돈대를 벙커로 만들어놓았고 면석 위에 시멘트를 발라놓았다. 조선과 대한민국의 콜라보라고 해야 할까? 축조 당시는 조강 쪽을 향해 포좌를 설치하고 뒤쪽은 둥글면서 면석을 생략한 형태였다. 지금 포좌에는 강 쪽으로 기관총 등을 사용할 수 있는 벙커 또는 토치카를 만들어놓았다. 아주 생생하게 현대적인 군사 건축의 모습이 남아 있어 아이러니하게도 보는 즐거움까지 더해준다. 하여간 군은 이렇게 원형을 복원하거나 아예 파괴하는 것 없이 고스란히 흔적을 남겨두고 갔다.

근처에 천진돈대天津墩臺도 있어 들러보았다. 사료에 따르면 "인공 구조물로 원형을 파악하기 힘들 정도로 훼손되었다"고 한다. 역시나 그 인공 구조물은 군부대 시설이었다. 해병대의 공개 원칙이 무엇인지는 모르겠지만 이 돈대는 쉽게 취재 허락을 받을 수 있었다. 언덕을 올라가보니 서쪽으로 평화전망대의 상단부가 보였다. 천진돈대는 이것이 돈대인가 싶을 정도로 평삭되어 처음에 어떤 모습이었는지 알 수가 없다. 다만 남쪽 성벽이 남아 있고 주변에 흔적이 있어 돈대라고 추정만 할 뿐이다. 이곳저곳을 어슬렁거리며 사진을 찍다가 주의도 받고 경비병이 한눈파는 사이에 이것저것 카메라에 담아보았다.

검은 뿔테 안경에 포동포동 살집이 있는 해병대원 한 명과 이야기를 나누었다.

"힘들지 않아요? 그래도 해병대인데?"

"아니요. 저도 걱정했는데 근무할 만합니다."

"그래도 해병대는 군기가 세잖아요?"

"요즘은 기수제라 선후임에 차이도 거의 없고, 하사관들과 잘 지내기만 하면 돼요."

요즘 많은 군대에서 시행하는 것이 사병들 사이의 위계를 없애는 일이다. 징병되어 군에 온 청년들과 직업 하사관 그리고 장교들이 군의 편제인데 사실 가장 착취당하고 무시되는 이들이 일반병이다. 그에 비해 좀더 나은 대우를 받는 이들이 하사관인데, 이들이 군의 기본 골격을 이루어 집단을 운영하는 주체들이다. 하지만 이들은 진급의 한계가 명확해 욕심도 열정도 미리 정해진다고 할 수 있다.

그렇다면 장교는 어떤가? 이 나라에서 장교는 가장 신뢰할 수 없는 집단 중 하나일 것이다. 현대사에서 두 차례나 쿠데타를 일으켰고, 군대 비리의 핵심들이기 때문이다. 욕심도 많고 정치적이다. 아마도 5.18민주화운동을 '계획된 폭동'이라고 망언한 이종명 같은 이가 대표적일 듯하다. 이종명은 육군 중령으로 전방 지뢰지역에서 지휘 부실로 자신과 후임 대대장이 다리가 잘리는 중상을 입은 사건으로 유명하다. 실상 조사 후 징계받아야 마땅했지만 어쩐 일인지 군의 대대적인 홍보에 활용되면서 그를 칭송하는 군가가 만들어지고 뮤지컬까지 제작되었다. 현장에 있었던 병사들은 모두 입을 굳게 닫았다. 이종명은 이 사건을 적극 활용해 자유한국당에 입당해 비례대표 의원까지 지냈다. 일종의 '만들어진 영웅' 놀음을 한 것이다. 그런데 신기하게도 병인양요 때도 이런 이가 있었다. 바로 한성근韓聖根이다.

전쟁 영웅 놀음을 하는 어제와 오늘의 군부

강화도에서 벌어진 병인양요와 신미양요 당시 우리에게 잘 알려진 전쟁 영웅들이 있다. 양헌수梁憲洙와 어재연魚在淵이다. 그런데 이들 외에도 말단 장교에서 병조참판까지 지낸 전쟁 영웅 한성근이 있다. 인명사전을 찾아보면 다음과 같은 설명을 볼 수 있다. "조선 후기의 무신. 별기군이 창설되자 정령관으로 신식군사훈련에 힘썼다. 병조참판, 한성부판윤, 중추원의관, 궁내부특진관 등을 역임했다." 『승정원일기』에는 백 수십 차례, 『고종실록』에는 20여 차례 이름이 올랐고, 1920년대에는 『병인양요-일명 한 장군전』이라는 무협에 가까운 신출귀몰에 천하장사인 한성근의 평전까지 출판되었다. 이에 대해 조재곤이 쓴 재미있는 논문을 발견했다. 「병인양요와 한성근: 한 전기소설을 통해 본 분식된 '전쟁 영웅'의 일대기」란 글이다. 여기서 분식이란 그야말로 사실에 분칠이 되었다는 의미이다. 먼저 한성근에 대한 가장 초기 문서부터 살펴보자.

"순무영에서 방금 선봉 이용희가 18일 신시에 치보한 것을 보니, 겸차 초관 한성근이 집사 지홍관과 별파진 군사 50명을 거느리고 문수산성을 방어하도록 하였는데, 그날 사시쯤에 문수산성 별장이 치보하기를, '작은 서양배 4척이 조수를 타고 곧장 산성 남문으로 향하였다' 하기에 급히 군사 1초哨를 보내어 가서 구원하도록 하였습니다. 군사가 중도에 채 미치지 못한 상태에서 지홍관과 한성근이 헝클어진 머리에 짧은 옷을 입고 앞뒤로 도착하였는데, (……) 미처 탄약을 장전할 겨를도 없이 갑자기 저놈들의 탄알에 맞아 죽은 사람이 3인이고, 어깨나 팔에 부상당한 사람이 또한 2인이었습니다. 워낙 중과부적이라 몸을 돌려 달아나 돌아왔는데, 오면서 돌아보니 적들이 산성의 남문에 불을 지르고 곧장 도로 건너갔습니다라고 하였습니다. 적들이 이미 경내에 침입히었으니 모두 섬멸히지 못하고, 도리어 우리 군사들을 부상당하게 하고 우리 성문을 불지르도록 하였으니, 출정 장수의 직책을 맡은 사람으로서 황공하여 대죄하였습니다. 화재 입은 형편에 대해서는 앞으로 상세히 탐문하여 치보하겠습니다라고 아뢰니, 전교하기를, '대죄하지 말고 빨리 승전보를 아뢰도록 하라' 하였다."[56] 이것은 『고종실록』에 기록된 한성근의 이야기이다.

그렇다면 지금까지 병인양요의 첫번째 전투로 알려진 '문수산성 전투'를 양헌수의 현장 보고와 프랑스의 기록 등을 통해 재구성해보자. 한성근과 지홍관이 약 150명의 군사를 거느리고 문수산성을 지키고 있는데 프랑스군이 소형 선박 4척에 나눠 타고 쳐들어왔다. 먼저 2척에서 약 50명의 프랑스 병사가 내리자 한성근이 소리를 지르며 총을 발사했다. 이에 50명의 포수가 연이어 총을 발사하자 프랑스군은 엄폐했다. 이에 뒤따르던 나머지 2척의 선박에 타고 있던 프랑스 병사들이 합세해 조선군에게 대응 사격을 시작했다. 이에 놀란 조선 병사들이 성을 버리고 도주하자 프랑스 병사들이 이들을 추격했다. 하지만 마침 계곡에 안개가 끼기 시작해 한성근과 조선 병사들은 구사일생으로 탈출할 수 있었다.

『고종실록』에는 "이양선 2척이 앞에서 정박하려고 할 때 한성근이 홀로 앞장서서 크게 고함을 치면서 먼저 총을 쏘아 한 번에 몇 발을 쏘니 그 소리가 나자마자 적들 중에 배에 쓰러진 자가 몇 명 되었습니다. 50명의 총수가 그 뒤를 이어 곧바로 일제히 총을 쏘자 2척의 배에 있던 적들이 태반이나 쓰러졌는데 그 수가 대략 5, 60명가량 되었다고 합니다. 어느덧 뒤따라오던 2척의 배에 타고 있던 적들이 한꺼번에 육지에 올랐는데, 그 수가 무려 100명이나 되었습니다"라고 기록되어 있다. 이 기록은 분명 프랑스나 기타의 기록과 배치된다. 이때 프랑스군의 피해는 거의 없었던 것으로 확인된다. 조선군 측은 프랑스군이 죽은 것인지 부상당한 것인지 엎드린 것인지도 판별할 수 없었다. 하지만 고종은 "외로운 한성근이 충성과 용기로 적을 물러쳤다"며 승전으로 그를 칭송했다. 이는 물론 양이들을 물리친 승전보가 필요했던 차에 한성근이라는 적당한 인물이 나타났고 그를 전쟁 영웅으로 만든 대원군의 의도이기도 했다.

"어제 양이들이 문수산성에 침입했을 때, 한성근은 적은 수의 군사로 대적하여 위험을 무릅쓰고 총을 쏘았고, 지홍관은 자신의 몸을 돌보지 않고 용감히 싸웠다. 앞뒤에서 힘을 다하였으니 충성심과 용감성, 적개심이 매우 가상하다. 군정을 고무시키고 적들의 간담을 서늘하게 만든 것은 여기서부터 시작되었다. 승전보를 아뢰는 날 마땅히 발탁하여 등용할 것이다."[57]

프랑스군이 물러가고 한성근은 한양으로 개선해 왕이 베푼 연회에 초대되었다. 그리고 종8품 벼슬에서 두 계급이나 특진해 종6품에 올랐다. 이듬해 은산현감에 제수되어 말단 장교가 지방수령이 되었다. 하지만 그는 종6품에 미치지 못하는 품성의 사람이 었다.

"한성근을 은산현감으로, 지홍관을 미조항첨사로 삼았다. 전공이 있었기 때문이다. 그러나 평안감사 박규수가 올린 장계에, '은산현감 한성근은 형벌을 가혹하게 적용하고 곤장을 사납게 쳐서 백성들의 재물을 빼앗아낸 것이 만금이 넘으니 우선 파출하고 그 죄상은 유사로 하여금 품처하게 하소서' 하니, 전교하기를, '이 사람을 이곳의 수령으로 임명한 것은 바로 만호의 제후로 책봉하는 예였다. 이번에 죄를 범한 것이 이와 같이 놀랍고 고약한데 어떻게 전날에 공로가 있다고 용서하여 줄 수 있겠는가. 해부로 하여금 한차례 엄히 형신하고 원악지정배하게 하라' 하였다."[58]

하지만 이 전쟁 영웅은 파직되었다가 다음달 복직되었다. 그야말로 고종이나 대원군의 총애를 한몸에 받았던 것이다. 그는 이러한 자신의 이미지를 활용해 척화파들과도 어울리는 동시에 대원군이 실각한 후에는 개화파들에게도 적극 협조했다. 또한 한양에 주재하던 일본 공사와도 친분을 과시하고 정부의 여러 요직을 두루 거쳤다. 하지만 특별하게 무엇인가를 이루었다는 기록은 찾을 수 없다. 그는 1905년 사망했고 괴산에 묻혔다.

죽어서 사위에게 복권되는 한성근

그가 사망하고 10여 년이 흐른 1920년대 송헌석宋憲奭이란 작가에 의해 『병인양요-일명한 장군전』이라는 한글 소책자가 세상에 나왔다. 송헌석에 대해서는 알려진 바가 별로 없는데 주로 역사서를 이 시기에 여러 권 출판한 것으로 알려져 있다. 이 책은 서강대학 연구교수 조재곤이 국립중앙도서관에도 없는 것을 서울대학교 중앙도서관에서 발굴한 것이다. 문수산성전투에서 한성근이 어떤 활약을 했는지 알아보자. "적이 상륙하려 하자 한성근 부대는 일제 사격을 해 적선 2척을 침몰시키고 적군 수십 명을 사살했다. 퇴각하는 적을 주먹을 들어 한 번씩 친즉 두골이 파쇄하여 낱낱이 즉사했다. 적병 수백을 타살하니 시체가 산과 같이 쌓이게 되었다. 돌아온 군사를 점고하니 삼백 인 중 한 사람도 사망한 자가 없었다. 한성근은 이날 다시 문수산성으로 가서 야영하던 적을 습격해 물에 빠져 죽은 자가 수도 없고 살아간 자는 몇십 명에 지나지 않았다. 이때 승리는 좌선봉 어재연과 협공하여 이루어냈다." 그야말로 무협지이다. 단 하나도 사실에 근거한 것이 없다. 하지만 이런 이야기는 한성근이 묻힌 괴산지역에서 전설처럼 내려오는 '사실'이다.

그렇다면 도대체 이런 평전을 쓴 송헌석은 누구일까? 조재곤 교수는 우연히 한성근의 가계도를 살펴보던 중 시집간 딸의 기록까지 뒤져보았다. 그곳에 익숙한 이름이 있었다. 사위 송헌석.[59] 용감하게 프랑스군에 맞서 전투를 벌인 기개는 가상하지만 이 전투는 패전이었다. 이후 작전에서도 영향을 크게 미친 사건이었지만 거꾸로 승전이 되고 조선 정부의 프로파간다로 사용되었으며, 한성근은 전쟁 영웅으로 탈바꿈되어 능력에 과분한 벼슬까지 지냈다. 그러고는 후손의 손에 전설적인 장군으로 거듭난 것이다. 어찌 보면 출세 만능의 개인주의가 빚은 근대의 아이러니한 풍경이 아닐 수 없다.

천진돈대의 포좌. 현재 상태는 매우 불량하다. 군시설물 설치로 인해 원래의 모습이 교란되고, 현재 내부는 평지가 되어 있어 추정이 불가능하다. 석벽은 붕괴 구간이 넓다.

돈대는 산이포마을에서 북쪽으로 이어진 해안도로를 따라가면 나오는 고개의 동쪽 끝자
락에 자리하고 있다. 내부는 군시설물에 의해 원래의 모습이 심하게 변경 혹은 교란되어 있
어 정확한 규모의 추정은 불가능하다. 비지정문화재이다.

석우돈대의 전경. 콘크리트 기초 위에는 해병대 초소가 있었을 것으로 추정되는데 이전하면서 철거한 듯하다. 돈대는 당산리에서 철산리로 이어지는 국도 왼쪽 봉천산 동쪽 끝자락에 위치해 있다. 산중턱 급한 산사면을 이용해 포좌가 설치된 전면은 3미터 내외의 높은 석축을 만들고 후면은 석벽을 생략했다. 폭은 전면 37미터, 측면 17미터로 전면에 포좌를 나열했던 것으로 추측된다. 일부 구간의 석축이 붕괴되었지만 비교적 온전히 남아 있다. 비지정문화재이다.

석우돈대의 전면부는 군에 의해 벙커로 개조되었다. 원래 돈대는 지형 특성에 맞추어 전면은 면석을 사용해 석축했으나, 후면은 석축을 과감하게 감소시켰다. 형태는 반원형으로 내부 중간에서 후면으로 한 번 굴절했기 때문에 전면에서 바라보면 의자 형상을 하고 있다.

손돌목돈대의 슬픈 사연

|

손돌 설화는 화난 민중의 이야기
손돌목돈대와 광성돈대는 학살 터이다
호랑이 잡던 이들의 슬픈 애국

강화도를 답사하다보면 염하를 사이에 두고 김포는 신안리, 강화도는 광성보 경계에 좁은 물길이 굽이쳐 휘도는 한강의 물목 손돌목을 볼 수 있다. 경상도와 전라도의 세곡선이 한양의 마포로 가려면 반드시 지나야 하는 길목이었는데, 물길이 험해 난파되는 경우가 많은 곳이었다. 이곳에 손돌목돈대孫乭項墩臺가 염하를 바라보며 서 있다. 신미양요 때 수많은 조선의 군관들이 죽음을 맞이한 곳이기도 하다. 그곳에 올라 손돌목을 내려다보니 과연 물의 흐름이 빠르고 위태로웠다.

손돌목의 슬픈 사연과 명칭의 진실

이곳의 이름이 왜 손돌목일까? 이름을 자세히 살펴보면 손돌과 목으로 나뉜다. 손돌은 사람 이름 같고, 목은 통로의 잘록한 부분을 말한다. 이곳에는 전승되어 내려오는 설화가 있다. 고려 고종이 몽골의 침입을 피해 강화도로 피난할 때 이곳 물길을 잘 아는 손돌이라는 자가 왕과 일행을 나룻배에 태우고 바다를 건너게 되었다. 그런데 그가 이상하게 물살이 험한 곳으로 배를 몰자 왕은 손돌이 자신을 해치려 한다는 의심을 하고 손돌의 목을 베라고 명했다. 손돌은 죽기 전에 표주박을 물에 띄우고 그것을 따라가면 안전하게 강화도에 도착할 것이라고 알려주었다. 정말 그 표주박을 따라가니 강화도에 무사히 도착할 수 있었다. 왕은 그제야 자신의 잘못을 뉘우치고 손돌을 장사지낸 후 사당을 지어 넋을 위로했다. 이 설화로 인해 음력 10월 소설경에 강하게 부는 찬바람을 '손돌바람'이라 하고 선원들은 이 바람이 불 때는 배를 띄우지 않는 풍속이 생겼다고 한다.

그런데 이 설화는 어딘가 좀 이상하다. 개경에서 피신한 왕이 한강 하구에서 염하로 내려오면 지금의 강화읍과 가까운 월곶이나 갑곶에 포구가 있는데, 손돌목이 있는 남쪽 끝까지 내려갈 이유가 있는가 하는 것이다. 그리고 물길을 맡긴 자를 배 위에서 죽이는 왕이 어디 있겠는가. 억지가 많아 허술한 설화이다. 그래서 많은 역사학자와 문학가들이 의심을 한 듯하다. 먼저 이곳의 오래된 지명이 무엇인지를 살펴보았다. 『고려사』의 '이승휴전'과 「용비어천가」에 착량窄梁이라는 지명이 나온다. 착량은 강이나 바다의 폭이 좁은 여울을 뜻하는 한자어이다. 그렇다면 손돌은 우리말로 '손은 솔(좁다)', '돌은 돈다'는 뜻으로 손돌은 좁고 휘돈다는 말이다. 손돌은 사람 이름이 아니라 착량의 우리말 지명이었던 것이다.

손돌목은 사람의 이야기에서 유래한 지명이 아니라 먼저 지명이 있었던 것에 사람이 주인공인 설화가 만들어진 것이다. 그럼 언제쯤이었을까? 강화도로 피난 온 왕은 고려 고종과 조선의 인조였다. 백성들 눈에는 그들이 자신과 왕국만을 보존하겠다고 비겁하게 도망치는 모습으로 비추었을 것이다. 게다가 의심이 많아 백성을 믿지도 못했다. 그럼에도 묘책을 일러준 백성의 진심으로 위기를 넘길 수 있었다. 이런 시대 풍경이 손돌이라는 인물을 만들어냈을 것이다. 참으로 억울하지만 끝내 거역하지 못했던 이 나라 백성들의 마음이 가여울 뿐이다.

손돌목돈대 성벽에 올라 멀리 염하의 손돌목을 바라보았다. 멀리서도 목을 휘도는 거친 물살이 눈에 들어왔다. 그 급류가 휘도는 것은 느닷없이 튀어나온 용두돈대龍頭墩臺 때문이다. 이름 그대로 용의 머리처럼 뭍에서 염하로 튀어나와 기이해 보일 정도였다. 또한 우리가 익히 보았던 돈대에 비해 그 공간이 매우 작았다. 그래서 많은 돈대사들이 용두돈대도 돈대인가 하면서 목록에 올리기를 주저하기도 했다. 현재의 모습은 1977년에 복원한 것이다. 신미양요 당시 미군에 의해 파괴되어 원래 모습이 어떠했는지는 아주 흐릿한 유리건판 사진으로만 남아 있다.

성벽에서 내려와 손돌목돈대를 둘러보았다. 이 돈대는 지름이 30미터 정도로 지금까지 원형 그대로의 내부 공간을 간직하고 있다. 그리고 원의 정중앙에 3칸짜리 무기고가 있었다고 한다. 가만히 눈을 감고 1871년 신미양요를 떠올려보았다. 처음으로 미군과 조선군이 이곳에서 치열한 백병전을 펼쳤다. 하지만 훈련 방식, 전투 경험, 무기의 성능은 하늘과 땅 차이였다. 손돌목돈대에는 약 500명의 조선군이 주둔해 있었다. 조선군의 사망자는 243명, 바다에 뛰어들어

죽은 자가 100여 명이었다. 반면 미군은 전사자 3명, 부상자는 10명이었다. 이는 전투가 아니라 학살이었던 셈이다.

몸에 한기가 든 것처럼 떨려 걷기로 했다. 이곳은 광성보로 보 안에는 용두돈대와 손돌목돈대 그리고 광성돈대廣城墩臺가 자리하고 있다. 돈대가 세워지기 전에도 광성보는 있었다. 1658년(효종 9) 이곳에 보가 처음 설치되었으며, 광성보 옆으로 용두돈대, 손돌목돈대, 오두돈대鰲頭墩臺, 화도돈대花島墩臺, 광성돈대 등이 축조되었다. 1745년(영조 21)에 성을 다시 고쳐 쌓으면서 성문도 만들었다. 성문의 이름은 바다를 '안전케 하라'는 뜻으로 '안해루按海樓'라고 지었다. 원래 보는 진 아래의 부대이지만 광성보는 그 중요도가 점점 높아져 강화읍성 밖 요새지의 총사령부 역할을 했다. 신미양요 당시 사령관 어재연 장군이 포수 600명을 모아 이곳에서 결전을 치른 것으로 보아 '최후의 보루'라는 말은 바로 이곳을 이야기하는 것인지도 모른다. 어재연은 이곳에서 동생 어재순魚在淳과 함께 순절했고, 그 문중이 형제를 기리기 위해 보 안에 쌍충비와 각을 만들어 추모하고 있다. 또한 전투 후에 수습되지 않은 시신을 모아 함께 묻은 신미순의총이 그 옆에 자리하고 있다. 광성보 안에서 벌어진 전투로 사망한 조선군은 총 430명이었다. 대부분이 포수였고, 그들은 멀리 강계에서부터 한반도의 북쪽 여러 곳에서 차출되어온 산척山尺이라 불리던 사냥꾼들이었다.

신미양요의 처절한 전투 현장 속 사냥꾼들

동화에서는 사냥꾼을 포수라고도 칭한다. 그런데 생각해보면 사냥꾼이 포(총)를 사용한 것은 인류 역사에서 얼마 되지 않았다. 우리로 치면 임진왜란 이후이다. 조선에서 사냥꾼은 산척이라 했는데 임진왜란 이후 화승총을 이용했기에 산행포수 또는 산포수라고 칭했다. 이들 중에는 호랑이 잡는 정규군인 착호군捉虎軍도 있었다. 호랑이(한자 표기로는 범과 이리라는 뜻이다. 하지만 요즘은 범과 표범을 뜻한다) 잡는 착호군은 조선 초 『경국대전』에 표기될 정도로 꼭 필요한 군사였다. 우리나라는 지형상 만주와 연해주가 붙어 있어 늘 호랑이가 들끓었다. 호랑이는 신성한 존재 같지만 백성들을 공포로 몰아넣는 매우 해로운 존재였다. 조선 초 한반도에만 6000마리에서 1만 마리 정도가 살았고, 매년 1000마리 정도가 잡혔다. 이를 수행한 것이 중앙과 지방의 착호군들이었다. 조선 전기에는 활, 창, 그물, 함정을 사용해 호랑이를 잡았다. 호랑이를 잡은 착호군에게는 그에 상당하는 벼슬과 급료가 주어졌다. 그래서 이들 착호군의 위세가 대단했다.

세종 때에는 40명이었으나 『경국대전』에 따르면 곧 440명으로 늘어났다. 지방에도 별도로 착호군을 두었으며, 각 지방의 절도사가 군사 및 향리·역리·공사천 중에서 자원을 받아 뽑되 군현의 크기에 따라 인원에 차등을 두었다. 만일 자원자가 없을 경우에는 힘이 있고 용감한 사람으로 정했다. 중앙과 달리 지방에 설치된 착호군은 정규 조직이 아니라 호랑이가 출현하면 수령이 징집하는 임시부대였다. 17세기 소빙기 시절인 숙종 때는 기근과 함께 호환이 창궐했다. 청나라가 만주에서 대규모로 호랑이 사냥을 시작하자 수만 마리의 호랑이가 한반도로 내려왔다. 이익의 『성호사설』에 당시 호환에 대한 이야기가 자세히 기록되어 있다. "한 해 강원도에서만 수백의 사람이 호랑이에 물려 죽었다. 호랑이는 함경도나 평안도에만 있는 것이 아니라 조선 팔도 전역에 서식했다." 호랑이는 동화에 나오는 것처럼 깊은 산골에서 사는 것이 아니라 산과 들의 경계에 살며 물가를 돌아다녔다. 그래야 잡아먹을 짐승이나 인간이 있을 테니 말이다.

갑자기 호환이 전국적으로 퍼져나가자 심각한 사회문제로 대두되었다. 당시 기록에 "요즘 호환이 날로 심하니 인명뿐 아니라 목장도 큰 걱정이다. 경기 어느 고을에서는 호랑이에게 물려간 백성을 셀 수 없다 하니 외적의 침략과 무엇이 다르겠는가?"라고 할 정도였다. 호환은 민생과 국가 체제의 안정과 직결되어 있었다. 그러자 조정은 훈련도감을 비롯한 중앙 군영의 조총수를 동원했다. 임진왜란으로 조총이 도입되면서 사냥에도 조총이 사용된 것이다. 당시 조총을 쏘는 군사를 포수라고 칭했는데 조총은 호랑이 사냥에 유리했다. 그러자 호랑이 사냥은 포수가 주로 담당하게 되었고, 포수하면으레 사냥꾼을 뜻하는 말로 굳어졌다.

정조 때 군이 재편되면서 착호군이 사라졌다. 착호군이 할일을 이제 정규군의 포수가 하면 되었기 때문이다. 하지만 지방의 착호군은 나름 명맥을 이어나간 듯하다. 산포수가 된 것이다. 하지만 이들을 자연인 사냥꾼쯤으로 생각한다면 천만의 말씀이다. 관은 총기와 함께 이들을 관리했으며, 모피 거래도 통제했고 군역의 의무도 져야 했다. 즉 전쟁이 나면 군역의 의무를 져야 했으므로 산에서 내려와야 했던 것이다. 이들 중 가장 유명한 착호 산포수가 강계포수들이었는데, 강계는 지금의 평안도이다. 이들이 역사에 등장한 것은 '나선정벌'이라 불리는 지금의 흑룡강에서 러시아군과 벌인 전투에서이다. 이는 청나라의 요청으로 파병된 것인데 이때 포수들이 대거 참여했다. 사실 조선의 군사들은 누구와 싸우는지도 알지 못했다. 대부분의 조선군은 청나라가 요청한 북쪽지방의 착호 산포수들로, 청나라군에 비해 압도적인 사격술을 신보이며 큰 전과를 올렸다. 1724년 『승정원일기』에는 이들이 무용을 떨친 이야기가 기록되어 있다. "변방 백성 중에 조총을 잘 쏘는 자를 봤습니다. 호랑이가 3, 4간(1간은 약 1.8미터 남짓 거리)쯤에 있을 때 비로소 총을 쏘는데, 명중시키지 못하는 예가 없으니 묘기라 할 수 있습니다." 이 포수들의 능력은 19세기에 외국 함대가 통상을 강요할 때도 진가를 발휘했다. 1866년 병인양요 때 프랑스군에 맞서 370여 명의 포수가 싸웠고, 1871년 신미양요 때 3000여 명의 포수가 미군과 맞서 싸웠다.

호랑이 잡던 착호군이 포수로 변모

1871년 4월 23일 아침 7시, 미군은 텅 빈 덕진진을 무혈점령한 후 광성보로 향했다. 면제배갑綿製背甲이라는 방탄복을 입은 조선 병사들이 눈에 띄었다. 미군의 상륙부대가 광성보를 향해 곡사포를 쏘아대자 광성보 성벽이 무너졌다. 광성보 내부로 진격한 미군들은 손돌목돈대로 진격했다. 당시 미군측 전력인 해군 및 해병 1230명은 최신식 소총으로 무장했고, 곡사포 85문을 보유하고 있었다. 이에 비해 조선군은 600여 명이 화승총으로 무장하고 있었다. 윌리엄 그리피스William Griffis는 당시의 순간을 자신의 책『은자의 나라, 한국』에서 다음과 같이 묘사했다. "그 무엇과도 닮지 않은 소름 끼치도록 이상한 가락의 전송가가 흘러나왔다. 손돌목돈대에는 흰옷을 입은 조선군이 가득했다. 낮 12시 40분 돌격령이 떨어졌다. 적군은 참패의 와중에서도 물러서지 않고 결사 항전 중이다. 패배가 당연해 보이는 상황에서 단 한 명의 탈영병도 없다. 아군의 압도적인 전력으로 몰아붙임에도 불구하고 적군은 장군의 수자기帥字旗 아래, 일어서고 또 일어선다. 칼과 창이 부러진 자는 돌을 던지거나 흙을 뿌려 저항한다. 이토록 처참하고, 무섭도록 구슬픈 전투는 처음이다." 이들은 바로 호랑이 사냥꾼들이었다. 전투가 끝나자 불에 타 연기가 피어오르는 손돌목돈대 안팎에는 조선군 전사자 243명의 시신이 쌓여 있었다. 바다에는 100여 명의 시신이 떠 있었다. 9겹 솜으로 누빈 방탄복 면제배갑은 여전히 불타고 있었다. 이들은 총에 맞아 배갑이 불에 타자 물로 끄기 위해 바다로 뛰어들었지만 익사하고 만 것이다. 미군은 광성보를 철저하게 파괴하고 다음날 작약도로 퇴각했다.[60]

신미양요는 산포수들의 비극이었다. 애초에 상대가 되지 않는 무력 차이에도 그들은 참으로 무모하리만치 용감하게 죽어갔다. 북방의 국경을 침입하는 마적단을 물리치던 포수들은 1905년 외교권이 박탈된 후 의병을 조직했다. 하지만 1907년 고종이 강제 퇴위되고 군대는 해산당했다. 그리고 9월 3일에는 '총포화약류단속법'이 시행되어 그해 11월까지 구식 무기인 화승총, 칼, 창 9만 9747점, 신식 소총 3766정이 압수되었다. 압수한 무기 가운데 화약과 탄약이 36만 4366근이나 되었다. 총류 대부분이 산척의 것이었다. 총을 빼앗긴 산척들은 다른 생업을 찾거나 간도로 이주했다. 일본군의 간담을 서늘케 했던 홍범도 장군 역시 조선의 산척 출신이었다.[61] 이처럼 호환을 막기 위해 출발한 착호군과 포수는 나라의 방비를 맡았다가 근대 이후에는 의병활동을 거쳐 독립운동을 통해 국권회복에 앞장섰다. 호랑이를 잡던 부대가 나라를 지키고 일제강점기에는 독립에 앞장섰으니 기개는 참으로 호랑이에 견줄 만하다.

광성보는 조선 효종 때(1658) 설치되고 별장 1인을 두었다. 1679년(숙종 5)에는 용두돈대, 오두돈대, 화도돈대, 광성돈대 등 소속 돈대가 축조되었다. 1866년(고종 3) 병인양요 때에는 프랑스군과의 격전지였고, 1871년(고종 8) 신미양요 때에는 미국의 함대와 치열한 격전을 치른 곳이다. 1976년에 다시 복원되었다.

광성돈대는 광성보의 문지와 연결되어 바로 북서쪽에 위치해 있다. 포좌가 설치된 전면은
비교적 둥글게 처리했다. 동서 35미터, 남북 43미터의 크기로 전면에 4문의 포좌를 배치했
다. 1976년에 파괴된 시설을 복원해 지금의 모습을 갖추었다.

1867년(고종 4)에 건설된 용두돈대는 규모가 작아서 54돈대에 포함할 것인지의 여부를 놓고 논쟁이 있었으나 54돈대에 포함되었다. 병인양요와 신미양요로 훼손되었으나 1977년에 복원되었다.

1679년(숙종 5)에 축조된 손돌목돈대는 손석항돈대라고도 불린다. 구릉 정상부에 위치
해 있으며 동서 34미터, 남북 30미터의 평면 원형에 가까운 돈대이다. 출입구는 서쪽에 있
으며, 동남쪽에 3곳의 포문이 배치되어 있다. 원래 돈대 중앙에 3칸의 무기고가 있었다.
1871년 신미양요 때 미국의 해군과 치열한 교전을 벌인 장소로 1977년 현재의 모습으로 복
원되었다.

정한론과 운요호의 사기극

|

초지진 소속의 장자평돈대와 섬암돈대를 찾아서
조선을 향한 요시다 쇼인과 운요호
허무한 돈대의 종말

초지진을 찾았다. 김포에서 다리만 건너면 쉽게 올 수 있는 곳
이라 수고롭지는 않았다. 이번 여행에서는 운요호사건과 일본의 강
제 침략에 대한 생각을 다듬어볼 생각이다. 진이라고 하지만 덜렁
초지돈대 한 곳만 복원되어 있다. 염하 위쪽의 광성보처럼 큰 성곽
과 시설은 간데없다. 초지진의 우두머리는 종3품의 첨사로 그 품계
가 무척 높았다. 강화유수 다음쯤일 것이다. 수하의 장교 11명, 병사
98명, 돈대 병사 18명이 상시 근무를 했다. 진에는 전용 선박 3척도
보유하고 있었다. 초지진에는 진성에 있는 초지돈대, 남쪽으로 장자
평돈대長者坪墩臺와 섬암돈대蟾巖墩臺 등 3곳의 돈대가 있었다. 초지돈대
에 올라 염하를 바라보니 군데군데 암초들이 눈에 띄었는데 그 위에
작은 등대도 하나 서 있었다. 이곳으로 들어와 한강하구로 오르려
면 나름 물길에 밝은 자가 있거나 제대로 된 해도海圖가 있어야 했을
것이다.

초지진에 속했던 3개의 돈대

1875년 9월 20일 일본 군함 운요호가 물을 구한다며 몇 명의 일본군이 단정을 타고 초지진에 접근했다. 이를 빌미로 양측이 교전을 벌였는데 조선의 포는 운요호를 한 방도 맞추지 못한 반면 초지진은 일본군의 포에 완전히 파괴되었다. 그뒤 초지진은 폐쇄되고 돈대의 터와 진성의 기초만 남게 되었다. 그럼 나머지 2곳의 장자평돈대와 섬암돈대는 어떻게 되었을까? 이 돈대들을 찾아 나섰다. 먼저 장자평돈대를 찾아보기로 했다. 초지돈대에서 길을 따라 초지2리 마을회관으로 가면 되었는데 오른쪽은 전통 마을이고, 왼쪽은 거대한 간척지였다. 100년 전 이곳은 바다였다.

한 1킬로미터쯤 걸으니 마을회관과 꽤 오래되어 보이는 한성 정미소가 나왔다. 주변에 돈대 같은 건물은 보이지 않았다. 그런데 충격적인 것은 바로 이 한성 정미소가 바로 돈대 터였다는 것이다. 그래서인지 주변에 돈대의 면석이었을 법한 돌들이 여기저기 눈에 띄었다. 더욱 놀라운 것은 정미소 지하에 아직도 돈대의 기초가 존재한다는 것이다. 이제는 엄연한 사유지이지만 만일 유적으로 지정되어 발굴이라도 한다면 주민으로서는 난감한 일일 것이다. 대체 어찌된 것일까? 결국 이곳의 돈대도 제방 건설이 문제였다. 그리고 기초만 남은 터는 자연스레 주민들의 차지가 된 것이다. 그래서 장자평돈대는 아무것도 알 수 없는 돈대가 되었다. 현재로서는 말이다.

사정은 섬암돈대도 마찬가지였다. 간척지 제방의 동쪽 끝은 신기하게도 옛 지명이 남아 있었다. 섬암교. 삼거리에서 조금 올라가면 숯불 장어집이 나오는데 이 식당 뒤편 산길로 오르면 돈대가 있다고 한다. 하지만 그곳에 돈대는 없었다. 그 비슷한 것도 보이지 않았다. 그곳은 그냥 시골에서 흔히 볼 수 있는 밭이었다. 그래서 혹시나 싶어 핸드폰의 위성지도로 위치를 확인해보았다. 그런데 신기하게도 나무숲 사이 밭이 사각형 모양을 하고 있었다. 이곳이 돈대였던 것이다. 하지만 아무것도 없었다. 그 흔한 면석도 찾아볼 수가 없었다. 『신편 강화사』에 의하면 광복 후 제방을 건설하느라 돌을 모두 채취해갔고, 여러 차례 사슴 농장과 밭으로 경작되면서 완전한 평지가 되었다고 한다. 어쩌면 초지진의 폐쇄와 함께 방치된 두 돈대는 서서히 무너져갔을 것이다. 주민들이 하나둘 돌을 뽑아갔고 급기야 제방 공사라는 공공의 이익에 부합하는 사업에 거칠 것 없이 돈대는 파괴되었을 것이다. 카메라에 담을 것이 별로 없어 털레털레 내려오는 길에 초지진의 돈대뿐 아니라 모든 돈대들의 운명을 결정지은 운요호와 요시다 쇼인_{吉田松陰}을 떠올렸다.

흔적없이 사라진 돈대 자리에는 정미소가

"무력 준비를 서둘러 군함과 포대를 갖추고 즉시 에조(홋카이도)를 개척하여 제후를 봉건하여 캄차카와 오호츠크를 빼앗고, 유구(오키나와)에 말하여 제후로 만들고 조선을 책하여 옛날처럼 조공을 하게 만들고 북으로는 만주를 점령하고, 남으로는 대만과 필리핀 루손_{呂宋} 일대의 섬들을 노획하여 옛날의 영화를 되찾기 위한 진취적인 기세를 드러내야 한다."[62]

대표적인 '정한론_{征韓論}'자인 요시다 쇼인은 조슈번(長州藩, 지금의 야마구치)의 하급 무사 출신으로 19세에 병학사범이 되었다. 막부 말기에 양명학을 기반으로 존왕양이_{尊王攘夷}를 외치며 역모를 꾀하려다 사형당했다. 하지만 그의 죠슈번 제자들이 메이지유신에 성공해 이름 없는 하급 사무라이 대신 가장 유명한 유신의 스승이 되었다. 정한론을 추종하는 이들이 운요호를 몰고 강화도를 침범해 지역을 유린하고 불평등조약이라 불리는 강화도조약을 맺었다.

19세기 일본은 봉건적인 막부체제의 막이 내리고 메이지유신이 선포되었다. 일본은 이를 계기로 1592년 임진왜란 이후 조선 침략에 대한 노골적인 야욕을 드러냈고, 정한론까지 대두되면서 이를 조선 침략의 발판으로 삼아 조선에 접근하려고 했다. 막부가 200년간 이어온 조선과의 쿨한 관계는 종식된 것이다. 1854년 '구로후네_{黑船}사건'을 계기로 미국에게 문호 개방을 선포했던 일본은 조선에 '선린우호'를 내세워 상호 통상을 요구했다. 하지만 흥선대원군은 쇄국정책을 펴다 최익현의 탄핵 상소로 물러나게 되었고, 고종이 친정을 하자 일본은 조선 침략을 위한 군선인 운요호를 부산으로 밀파했다. 일본은 자신들이 미국에게 당했던 제국적 방식 그대로 불평등조약을 체결할 수 있도록 만반의 준비를 했다.

요시다 쇼인과 정한론

강화도 최남단에 있는 초지돈대는 초지진과 함께 구성된 최전선의 보루라고 할 수 있다. 1875년 이곳으로 운요호라는 일본의 최신 군함이 들어온 것이다. 운요호는 1868년 영국 애버딘에서 건조된 것으로 메이지유신 후 신진세력으로 부상한 조슈번이 구입한 목조 군함이다. 1871년 각 번藩들이 자신의 재산을 천황에게 바치는 '판적봉환版籍奉還'으로 조슈번 역시 운요호를 국가에 헌납했으며 대만정벌에도 참여했다. 목조 쌍돛 범선으로 총길이 35.7미터, 폭 7.2미터, 흘수 2.3미터이며 동력은 2기통 왕복기관으로 106마력의 추진력을 가지고 있었다.

이 운요호는 1875년 9월 19일 월미노에 모습을 드러냈고, 하루가 지난 20일 강화도 초지진 건너 난지도蘭芝島에 정박했다. 일본군은 먹을 물을 구한다며 조선의 허가 없이 초지진 앞을 지나서 한강 하구 쪽으로 항해하려 했다. 조선군은 대포를 쏘아 상륙을 막고 항해를 저지했다. 운요호는 음료수 보급을 구실로 초지진까지 접근해 조선군의 포격을 유도했다. 함장 이노우에 요시카井上良馨는 운요호를 이끌고 강화도 초지진으로 접근해 먼저 발포했다. 이에 초지진 포대도 대응 사격을 했으나 조선군이 쏜 대포알은 운요호에 채 미치지 못했다. 반면 운요호에서 쏜 대포알은 초지진을 강타해 포대는 파괴되었고, 수많은 병사가 죽거나 부상당했다. 운요호는 초지진 일대를 향해 2시간 정도 포격을 퍼부었다. 강화도의 초지진은 천지를 뒤흔드는 폭음에 휩싸였다. 영국에서 사들인 일본의 군함 운요호는 160밀리미터 포와 140밀리미터 포를 장비하고 1킬로미터 밖에서 조준 사격을 할 수 있었다. 이에 맞서는 초지진에는 최대사거리 700미터에 명중률도 낮은 구식 홍이포뿐이었다.[63]

이들은 정한론에 근거해 조선을 강제로 침탈하기 위한 분명한 목적을 가지고 있었다. 전쟁을 일으키기 위한 것이었다. 교활하게도 일본은 함장의 최초 보고서를 조작해 공식 보고서에서는 식수를 구하기 위해 상륙했다거나 함선에 국기를 게양했음에도 먼저 발포했다는 등의 거짓말을 기록했다. 운요호사건의 현장 주범인 함장 이노우에 요시카는 자신들의 강화도 침략에 대해 귀국 후 작성한 '강화도사건 최초 보고서'에 "어제 우리의 작은 배가 해로를 측량할 때 조선 측 포대가 한 마디의 심문도 없이 제멋대로 발포했기에 우리는 어쩔 수 없이 퇴각해야만 했다. 이대로 그냥 물러가면 나라의 치욕이 되며 더욱이 해군의 임무를 게을리한 것이 된다. 따라서 오늘 저들의 포대를 향해 그 죄를 다스리려 한다. 일동은 그 임무를 받들어 국위를 떨어뜨리지 않도록 힘써 노력하라"고 기록했다. 일본은 국제(해양)법상의 원칙을 조선이 어겼다고 주장했다. 그리고 얼마 후 무력으로 조선을 협박해 1876년 불평등한 '강화도조약'을 체결했다. 수십년 전 자신들이 미국의 페리 제독에게 당한 것을 조선에 와서 되풀이한 것이다.

왜 운요호 한 척에 허무하게 털렸는가?

그런데 궁금한 것이 있다. 앞선 병인양요와 신미양요 때 막강한 극동함대들을 어찌어찌 막아낸 조선군이 거우 운요호 한 척에 왜 이리 허무하게 무너졌을까? 이에 대한 대답은 학계에서 꽤 오래전부터 진지하게 연구해왔던 듯하다. 이들은 그 원인으로 병인양요와 신미양요의 여파가 여전했고 특히 신미양요의 피해가 치명적이었다고 본다. 신미양요는 사실 어마어마하게 큰 피해를 입은 사건이다. 당시 조선은 강화도의 5개 요새를 함락당했다. 조선은 최고의 포라고 할 수 있는 불랑기포를 대략 500문가량, 총기는 무려 2만 정 가까이 빼앗겼다. 미군은 후퇴하면서 이것들을 모두 물에 빠뜨리거나 불에 태웠기 때문에 포들은 당연히 녹슬거나 녹아버려 망실되었다. 또한 사망한 포수가 부지기수였고, 군기고에 있던 각종 무기, 화약, 건물들은 소실되었다. 성벽은 무너졌고 방어시설은 복구가 불가능했다. 이때 입은 손실을 당시 조선 정부의 재정으로 4년 만에 복구한다는 것은 불가능했던 듯싶다.

나라의 운명이 다한 것인지 일본과의 '강화도조약' 후 열강들의 각축장이 된 조선은 국운이 기우는 일만 남게 되었다. 돈대는 비었고 더이상 관방시설로서의 역할을 하지 못했다. 140년이 지난 후 이곳 돈대에서 요즘 한일 간의 갈등을 생각해본다. 사실 너무도 닮아 있었다. 일본은 국내 문제를 밖으로 돌리기 위해 상시적으로 한국을 겨냥했고, 국제법을 들이대며 한국을 겁박해왔다. 하지만 지금은 그 옛날 청나라의 허락 없이 외국과 교섭도 하지 못하던 그 조선이 아닐뿐더러 그런 법이 있었는지도 몰랐던 쇄국의 조선도 아니다. 문제는 우리 정부 역시 민족 감정에 기대 국민들에게 대리전쟁을 부추기고 있지는 않나 의심스럽다. 국민국가 동일체라는 과거에나 가능했던 행동들이 양국에서 터져나오면 동아시아는 불안해진다. 오히려 이런 갈등과 위기로 이득을 보던 자들이 누구인가? 나라 잃은 36년간 착취당한 것은 백성이고 호의호식한 것은 양반들이 아니던가.

장자평돈대는 현재 한성 정미소가 들어서 있어 원형 추정이 불가능하다. 정미소 지하에는 돈대의 기초가 여전히 남아 있다. 또한 주변에서도 당시에 사용했을 법한 큰 면석들이 발견되었다.

장자평돈대 앞의 간척지를 지나면 드넓은 갯벌이 펼쳐진다. 이 지역에 돈대가 있었다는 사실을 아는 이는 이제 찾아볼 수 없다.

농경지로 이용되고 있는 섬암돈대 터. 항공사진상으로 이곳은 방형에 둘레는 약 128미터
의 돈대가 세워졌을 것으로 추정한다.

섬암돈대 근처는 사슴 농장으로 변해 있으며, 해방 후 제방을 만들면서 면석을 모두 활용
했기 때문에 지금은 평지가 되었다. 기와편·도기편·옹기편 등이 발견되었다.

스웨덴 이방인이 본 강화도

|

귀기가 서린 동검북돈대의 팽나무와 택지돈대의 쓸쓸함
흔적없는 돈대에서 읽은 100년 전 이방인의 여행기 한 권
사라진 유적은 아쉽기만 하다

강화도 54개 돈대 중에서 어느 곳이 가장 인상적이었냐고 묻는
다면 바로 답하기가 곤란할 듯하다. 원형이 잘 보존되어 고답해 보이
는 돈대도 있고, 주위 풍광이 좋아 돈대와 잘 어울리는 곳도 있으며,
그날의 기분과 기후에 따라 마음으로 다가오는 돈대도 있기 때문
이다. 그중에서 동검북돈대東檢北墩臺는 기괴함과 특별한 식물의 생태
로 마음속 깊이 새겨지는 돈대이다. 『신편 강화사』에는 "동검북돈은
54개 돈대 중에서 가장 큰 규모이다. 현재 석벽은 모두 붕괴되었지
만 토축과 면석의 확인은 가능하다. 서남쪽 하단에서 건물지 2곳을
발견하였다. 여기서는 서남방향에 위치한 영종도를 볼 수 있다. 현재
인공 시설물 설치로 인해서 출입이 통제되고 있다"고 기록되어 있다.

초지돈대에서 서쪽 선두리마을 연육교를 건너면 동검도東檢島이
다. 동검도의 이름처럼 '검'이 들어가니 이는 군사적인 요충지였음을
알 수 있다. 그래서 강화도에는 2개의 검도가 있다. 교동도 밑 삼산
면의 서검도西檢島와 길상면의 동검도이다. 서검도는 예전 교동, 양사,

송해면과 연백군, 개풍군 사이 바다를 지나 한강을 통해 한양으로 진입하는 중국의 배를 검문하던 곳이다. 이에 비해 동검도는 일본과 서양 배들이 강화, 김포해협을 지나 한강을 통해 한양으로 들어가는 선박을 조사했다. 동검도와 서검도는 한양으로 진입하는 배들의 해상 검문소였던 셈이다. 전에는 선두리에서 배를 타고 동검도로 건너 갔지만 지금은 연육교가 있어 걸어서 갈 수 있다. 그런데 문제는 이 연육교이다.

1985년 갯벌을 매립해 만든 다리는 1억 원이라는 저렴한 공사비로 만들어졌다. 당시 주민들의 편의를 위해 마을버스가 들어가고 트럭으로 어패류를 시장에 내다파는 것이 급한 나머지 갯벌의 생태는 전혀 고려하지 못했다. 그러다보니 그때는 전혀 알지 못했지만 강화도 본섬과 동검도 사이의 바다가 연육교로 갈라져 해수가 흐르지 못해 갯벌이 썩기 시작했다. 그래서 수년 전부터 연육교를 걷어내고 아치형 다리를 놓자는 의견이 제시되었는데 수십억 원의 공사비 때문에 공사가 언제 시작될지는 알 수 없는 상태이다.

걸어서 동검도로 들어가다

동검도의 중심은 동검산이다. 정상은 약 120미터로 이곳에 돈대가 있다. 하지만 마을 사람들은 그것을 돈대라고 하지 않고 봉수대 또는 당제라고 한다. 이는 돈대 이전에 전혀 다른 기능의 시설물이 존재했음을 알 수 있다. 동검북돈대는 낮은 구릉지대에 돈대가 설치된 것과는 달리 산 정상에 위치해 있었다. 올라가는 길에 봉수대 표지판이 보였는데 미루어 그곳이라 생각했다. 꽤 가팔라 등산을 하는 기분이었다. 정상에 다가갈수록 숲은 무성하고 깊었으며 햇빛이 닫지 않아 어두웠다. 드디어 드문드문 돈대를 쌓았던 면석들이 나뒹굴고 있는 것이 보였다. 거의 다 온 듯했다. 그런데 내 눈을 흥미롭게 만드는 것은 정작 돈대의 흔적보다는 정상의 평탄한 숲을 이루고 있는 팽나무 군락이었다.

팽나무는 바다와 육지의 경계인 해안 충적 구릉시에서 자주 발견되는데 바로 이곳이 그렇다. 또한 중남부지방의 마을 어귀나 중심에서 마을 나무나 당산나무로 흔히 볼 수 있는 종이기도 하다. 해안지역에 더욱 흔하고, 마을의 안녕과 풍요를 기원하는 당집과 함께 있는 경우도 많다. 팽나무의 수명은 500여 년으로 장수 종이다. 팽나무는 한자로 박수朴樹라고 하는데 박수무당의 그 박수가 맞다. 샤먼의 나무로 불리는 것이 팽나무이다. 이곳이 돈대보다는 당제라고 불리는 이유를 알 수 있었다. 동검북돈대는 둘레 약 261미터로 추정되는데 그 안에 수십 그루의 팽나무가 자생하고 있다. 어쩌면 돈대가 만들어진 이후 늘 이곳에는 팽나무가 있었고, 이곳이 버려진 후로는 마을 사람들이 당제를 지내는 영험한 팽나무의 세상이었는지도 모른다. 묘한 기분을 안고 여기저기를 돌아보았다.

이곳은 전에 군부대의 점유로 민간인이 출입할 수 없었다고 하지만 지금은 참호를 파고 그 위에 위장그물을 덮었던 흔적 외에는 고정되어 있는 막사 같은 것은 볼 수 없었다. 아마도 군이 철수하면서 흔적을 제거한 듯했다. 수풀을 헤치고 바다 쪽으로 나가보니 붕괴된 돈대의 잔해를 볼 수 있었다. 여기는 그냥 자연적으로 토축이 무너지면서 면석들도 내려앉았다. 아마도 복원은 충분히 가능하리라. 돈대 여장은 없지만 회곽로였을 곳에 서서 멀리 영종도를 바라보니 한눈에 들어왔다. 이곳에 병사들이 서서 멀리서 들어오는 각종 선박을 감시했을 것이다. 분명 초지진을 향하고 있었던 일본 군함 운요호도 보았을 것이다. 그리고 이후 이곳도 텅 비게 되었을 것이다. 돈대의 종말이었으니 말이다. 택지돈대宅只墩臺는 동검북돈대에서 내려와 바로 찾아보았지만 결국 찾지를 못했다. 핸드폰에 주소를 입력하고 찾아보았으나 포기하고 말았다. 그리고 몇 년 뒤 택지돈대를 찾았다. 참으로 어처구니없게도 도로변 숲속에 감추어진 샛길이 있었다.

팽나무에 홀렸던 한나절

여름에 왔던 때와는 달리 지금은 새잎이 나기 전인 3월 말. 앙상한 가지 사이로 샛길이 훤히 보였다. 오솔길을 따라 올라가니 금방 돈대의 흔적이 나타났다. 벌초를 한 것인지 아니면 원래 이런 것인지는 알 수 없었다. 군데군데 면석들이 쌓여 있었지만 돈대의 형태는 완전히 사라지고 없었다. 돈대의 형태가 방형인지 원형인지도 알 수 없었다. 그저 바다로 돌출된 언덕을 깎아 돈대를 쌓았을 것으로 추정할 뿐이다. 날씨는 흐리고 바다에서 불어오는 찬바람은 스산하기만 했다. 어렵게 찾았기 때문일까, 사진 다 찍었다고 쉬 발길이 돌아서지지 않았다. 가방에서 책 한 권을 꺼내 어디 앉을 곳이 없나 살펴보았다.

오래전 돈대와는 상관없는 취재로 해방 전에 출판된 고서적만을 전문으로 취급하는 서점에서 외국인의 조선 방문기 목록을 살펴본 적이 있다. 그중 한 권이 아손 그렙스트A:son Grebst라는 스웨덴 기자가 쓴 『I. KOREA』라는 책이다. 표지는 조선의 무녀(또는 기생) 일러스트로 장식한 양장본의 초판이었다. 가격은 160만 원. 내용이 궁금했지만 책 가격이 만만찮아 내 독서 목록에만 기록해두고는 잊고 지냈다. 세월이 흘러 강화도를 한참 취재하던 중에 이 책이 생각이 났다. 그런데 이 책을 스웨덴이 움살라대학에서 유학한 한국외국어대학의 김상열 교수가 번역을 했다. 그의 설명에 의하면 아손은 스웨덴의 신문기자로 1904년 러일전쟁을 취재하기 위해 동경까지 왔지만 일본이 일부 외국기자들의 취재를 불허하면서 영국 상인으로 위장해 조선에 들어왔다고 한다. 그는 1904년 말부터 1905년 초까지 조선에 머물며 다양한 사람들과 다양한 지역을 여행했다. 책은 스웨덴으로 돌아간 후 1912년에 출판되었다. 그의 책에서 관심이 가는 부분은 당연히 강화도 여행 편이다. 당시 조선을 방문하고 다양한 글을 썼던 외국인들은 많았지만 강화도를 직접 여행하고 기록을 남긴 이는 드물다. 그래서 가방에 이 책을 넣어왔다. 누가 가져다놓았는지 플라스틱 의자 하나가 놓여 있었다. 바다 쪽을 향해 의자에 앉은 뒤 아손의 책을 펴들었다.

오래전에 쓴 강화도 방문기를 읽다

"아침에 일찍 자리에서 일어나 해협을 건널 채비를 하였다. 일본인에게 거룻배 한 척을 삯 내어 해안선을 따라 북쪽으로 나아갔다.

일본인은 고물에 자리를 잡고 버티고 서서 긴 노를 저었다. 아침이라 꽤 쌀쌀했는데도 노를 젓는 일본인은 허리 주위에 천만 두르고 상체에도 얇은 옷을 하나만 걸쳤을 뿐이다."[64] 한양에서 통진으로 가 기독교인들에게 신세를 진 아손이 강화도를 건너는 장면이다. 놀라운 것은 1905년 을사조약 이전에 벌써 일본인들이 조선 내에서 영업을 하고 있었다는 점이다. 그것도 작지만 자본이 필요한 선박업이었다. 그렇게 강화도에 도착한 아손은 전등사를 방문했는데 이 대목이 아주 재미있다.

"나는 주지스님에게 인도되었는데, 그는 조그만한 암자에 홀로 앉아 커다란 책에 붓으로 한문을 쓰고 있었다. 이 주지스님은 스웨덴을 알고 있었으며, 심지어 스벤 헤딘의 이름을 댈 정도로 박학하였다. 나는 기쁨을 표하면서 스벤 헤딘이 바로 내 장인이 된다고 으스대었다. 사실 그가 독신자라는 것은 모두가 아는 사실이니, 그에게 큰 죄를 짓는 것은 아니라고 생각했다." 이 대목에서는 그 주지스님이 누구일까 궁금해졌다. 이름이 없어 정말 주지스님인지 아니면 이 대화 자체가 아손의 거짓말인지는 알 길이 없다. 다만 그 대화 내용이 구체적이기에 당시 스웨덴의 유명한 지리학자 겸 탐험가인 스벤 헤딘을 주지스님이 알고 있었다면 놀라운 일이기는 하다. 동시에 거짓말로 환심을 사려는 기자 특유의 허풍이 표현되어 쓴웃음이 지어졌다. 나는 그런 거짓말을 몇 번쯤 해봤더라? 이어 아손은 "이 거짓말이 정말 효과가 있어서 주지스님은 얼마든지 내가 원하는 대로 묵고 가라고 하였다. 마음이 동하지 않는 바는 아니지만 나는 이 초대에 응하지 않았다"라고 기록했다. 아손은 악의 없는 거짓말로 이

득까지 취하려고 한다면 거짓말은 인간의 약점을 비꼬는 풍자의 성격을 잃고 대신 추하고 야비해진다며 자신을 설득했다. 아손의 성품을 엿볼 수 있는 대목이다.

아무래도 나의 관심은 혹시 아손이 돈대를 보았을까 하는 것이었다. 이런 대목이 있다. "수풀과 잡초 사이에 나 있는 길은 섬 안쪽으로 들어갈수록 높아졌다. 구경거리란 것이 고작 초지진이라 불리는 옛 성채였기에 우리는 꽤 실망했다. 코리아의 역사에서 여러 차례 중요한 역할을 담당한 이 보루는, 미국인들이 1871년에 이 섬을 공격했을 때도 요새로서 구실을 충분히 해낸 곳이라고 한다." 아손의 기록은 정확했다. 신미양요 당시 침략군이 미군이었다는 점과 그곳이 초지진이었다는 것은 통역을 통해서 정확히 확인한 셈이다. 하지만 그는 이어서 "지금은 몇 군데 무너진 담장들, 썩어 나자빠진 울타리, 앙상하게 골절만 남은 탑, 부서진 평석들, 썩어가는 대들보만이 옛날의 영광으로부터 남은 것들이었다"고 기술했다. 이를 통해 초지진은 완전히 폐허였으며, 지키는 군졸도 전혀 없었다는 사실을 알 수 있다. 초지진은 신미양요와 운요호사건 때 파괴된 후 완전히 버려진 것이다. 그는 초지진에 대한 소감을 다음과 같이 마무리했다. "시간이란 냉혹한 것으로 이 시간의 파괴를 막을 수 있는 사람은 없다. 유적지의 보존 상태는 한 민족의 민족성을 적나라하게 보여준다." 이 대목에서 숨이 턱 막혔다.

아손과 같은 유럽인들이 유적지 보존과 같은 고고학을 알게 된 것은 언제부터였을까? 그들이 금과옥조처럼 여기는 유럽 문명의 시원인 그리스 유적은 사실 150년 전만 해도 폐허였다. 그리스 몰락

이후 2000년 가까이 로마와 투르크에게 지배당하면서 잊혔고, 중세 유럽은 그런 것이 있는지조차 알지 못했다. 근대 유럽인들이 발견한 문명이었을 뿐이다. 사실 조선도 그리스에 비해 나을 것도 없었을 것이다. 지배계층에게 관심 없었던 불교 유적은 폐허가 되었을 터이고, 임진왜란과 병자호란 후 무너진 성벽은 보수되지 못했다. 여기 내가 앉아 있는 택지돈대 역시 피폐하다못해 아무것도 남아 있지 않았다. 이는 민족성이라기보다 인류의 역사가 그런 것이다. 유적지를 보존한다는 것은 의식의 발견이자 이념의 발명이다. 우리는 그것을 당시 몰랐을 뿐이다.

숲을 이루고 있는 동검북돈대의 팽나무 군락. 54개 돈대 중에서 가장 큰 규모의 돈대로 평면 방형이며, 둘레가 261미터이다.

동검북돈대의 무너진 석벽. 석벽은 모두 붕괴되었지만 토축과 면석의 확인은 가능하다. 서남쪽 하단에서 건물지 2곳을 발견했는데, 이곳에서 서남쪽에 위치한 영종도를 볼 수 있다. 곳곳에서 군시설물들이 발견되지만 현재는 철수한 상태이다. 미지정문화재이다.

택지돈대는 선두리 택이마을에서 섬암돈대로 가는 도로 오른쪽에 위치해 있다. 이 돈대는 평지화되어 형태의 추정이 불가능하다. 면석들이 여기저기 나뒹굴고 있다. 미지정문화재 이다.

택지돈대에서 바라보이는 남쪽 갯벌. 여름에는 주변의 숲이 무성해져 도로 밖에서는 돈대를 찾을 수 없다. 돈대 터로 보았을 때 방형이며, 원래 시행 계획은 둘레 100미터였다. 현재의 터와 비교했을 때 거의 비슷하다.

4부

돈대의 부활

강화도의 치부, 양민학살

|

48번 국도를 따라간 광암돈대와 인화돈대
당집에서 발견한 70년 전 학살사건
강화도의 화해는 멀었는가?

강화도에 인화리라는 마을이 있다. 요즘은 이곳을 찾는 이도 없을 터이니 무척 낯선 지명이다. 하지만 지도를 보면 48번 국도의 끝 마을이라는 것을 알 수 있다. 이 국도는 서울 종로에서 출발해 마포를 거쳐 강서구를 지나 김포로 이어진다. 다시 강화대교를 지나 강화읍을 거쳐 인화리 바닷가에서 끝난다. 총 67.971킬로미터이다. 국도치고는 매우 짧다. 알다시피 1번, 3번처럼 홀수 국도는 남북으로 종단하고, 2번, 4번과 같이 짝수 국도는 동서로 횡단을 한다. 48번 국도는 짧지만 중부권을 횡단하는 국도이다. 그런데 흥미로운 것이 48번 국도가 지정학적으로 중요한 도로라는 점이다. 이는 가상의 도로인 50번 국도 때문이다. 50번 국도는 우리나라의 국도이지만 지도에만 존재하는 것으로, 전 구간이 북한에 있는 노선이다. 황해도 옹진-해주-연백-개성직할시를 지나며 개성에서 1번 국도와 만난다. 48번 국도와는 교동도에서 만나게 된다. 이는 경기도 서부와 황해도 서부를 관통하는 도로로 통일 한반도의 중요한 교통로가 될

예정이다. 지리 좀 아는 사람들은 아예 왕복 6차선으로 확정하고 있을 지경이다. 하지만 이 길이 요즘 설정된 것은 아니다. 과거 이 길은 물길이었다. 황해도 연백에서 사람과 물자가 가까운 교동도로 들어왔다가 강화도 인화리로 이어졌다. 그것이 최근 교동대교가 완공되면서 매우 현실적인 길로 다가오게 된 것이다.

존재하지 않는 50번 국도

이번 돈대 답사는 48번 국도를 타고 돌아볼 생각이다. 서울에서 출발할 때 네비게이션에 '무료 도로'를 치면 48번 국도를 가리킨다. 물론 이 도로는 신촌에서 출발하는 오래된 500번 강화 버스의 노선이기도 하다. 인화리로 들어서 먼저 광암돈대廣巖墩臺를 찾았다. 인화리는 전역이 민통선지역이라 광암돈대 역시 군의 점유하에 있을 것이라고 예상했다. 번지수대로 찾아가니 대로변에 군시설물이 보이고 바로 옆에 돈대가 있었다. 길가에 차를 세우고 돈대를 둘러보니 의외로 광암돈대의 외관은 멀쩡했다. 『신편 강화사』를 보면 광암돈대는 연안과 마주하고 있고, 그 사이에 갯벌이 매우 잘 발달되어 있어서 자연 방어시설로서의 역할을 했다고 한다.

돈대 내부는 무기 창고와 감시초소 등 군시설물로 많이 교란되어 있었다. 하지만 완전히 군사시설로 활용되지 않고 반쯤은 버려진 상태였다. 이미 여장은 존재하지 않아 회막로에 올라 바다를 바라보았다. 왼쪽으로는 교동이, 오른쪽으로는 예성강과 개풍군이 눈에 들어왔다. 돈대의 내부 형태는 방형으로 동서남북 30미터 정도 되었고, 바다 쪽으로 3문의 포좌가 설치되어 있었다. 내부에 풀이 무성한 것으로 보아서는 병사들이 관리를 하지 않는 듯하다. 군데군데 무너진 곳이 있었는데 이를 폐타이어로 괴어 받쳐놓았다. 돈대의 관리를 군에 그대로 맡겨두었다가는 황폐화되는 것은 시간문제인 듯싶다. 밖을 둘러보니 철조망 안팎으로 무궁화가 유난히 많이 피어 있었다. 일부러 심은 것일까? 이 나라에서 애국을 부르짖을 때 무궁화를 그리도 강조하더니 사실상 인기 없는 꽃이 된 것은 요즘이 아닌가? 어쩌면 이 무궁화나무도 예전 새마을운동을 할 때 심은 것이 아닌가 하는 생각이 들었다.

차를 돌려 다시 48번 국도로 진입했다. 인화리의 두번째 돈대인 인화돈대寅火墩臺는 48번 국도가 끝나는 지점에 위치해 있다. 2차선의 48번 국도는 마침내 바리케이드로 막혀 있었다. 도로 끝에는 해병대 초소가 있어 정말 막다른 길에 이르렀다는 쓸쓸한 마음이 들었다. 멀리 왼쪽으로 교동대교가 보였다. 아마도 내가 서 있는 이 도로는 머지않아 무용지물이 되고 48번 국도는 교동대교와 깨끗하게 이어질 것이다. 다시 차에서 내려 카메라 가방을 챙겨 막연히 '산'으로 시작되는 번지를 향해 올랐다. 자료에 따르면 돈대 자리에 교동으로 전송되는 거대한 송전탑이 있다고 하니 찾기는 그리 어렵지 않을 듯했다. 주변은 대교 건설과 그에 따른 지가 상승을 노리는 부동산 개발이 한참이었다. 도로가 있는 곳에 부동산업자들이 있다지만 이곳은 민통선 안쪽 지역으로 그리 노릴 것이 없을 듯도 하건만, 그건 뭘 모르는 나 같은 사람에게나 드는 생각일 것이다.

경사를 조금 올라가니 교동도와 바다가 한눈에 들어오는 범바위란 곳이 나왔다. 희한하게 그 위에 시멘트로 만든 한 평 남짓한 작은 집이 있었다. 그냥 보기에는 옛날 변소 같았는데 알고 보니 당집이었다. 문이 잠겨 있지 않아 살며시 들어가보았다. 안에는 신선과 선녀가 작은 흙 조상으로 만들어져 있었고 곳곳에 무속 도구가 걸려 있었다. 물건들의 상태로 보아 요즘도 여전히 굿이 행해지고 있음이 분명했다. 밖에는 역시나 당나무라 불릴 만한 오래된 고목이 서 있었고 그 위로 오색 천들이 걸려 있었다. 하지만 이곳이 돈대라는 흔적은 찾을 길이 없었다. 그저 평탄한 마당이 세장방형으로 거대한 숲에 둘러싸여 있을 뿐이었다. 나무는 20여 미터씩 자라 하늘을 덮고 그 나무를 칡줄기가 감싸고 있었다. 돈대 터 안으로는 햇빛이 스며들지 못해 고사리 따위의 양치식물들이 자라고 있었다. 그래서 당집과 함께 으스스한 분위기가 연출되었다. 왜 이곳이 마을의 당집이 된 것일까?

당집이 되어버린 인화돈대

사실 인화리에 돈대를 취재하러 온 목적이야 분명하지만 그 돈대에 새겨진 많은 아픈 역사의 한 자락을 보러 온 것이기도 했다. 1950년 한국전쟁을 전후해 강화도는 좌우의 갈등이 심했고 이로 인해 많은 인명이 학살당했다. 특히 지금까지 밝혀진 학살 장소 중에는 돈대이거나 돈대 근처에서 행해진 곳이 많다. 갑곶돈대 앞이나 건평돈대가 그렇고, 월곶돈대 아래 갯벌과 이곳 인화리 해안가가 그렇다. 아마도 학살이 자행된 인화리 해안가는 교동과 오가던 이곳 인화돈대 앞이었을 것으로 추정한다.

한국전쟁이 발발한 1950년 6월 25일 이후 강화도는 재빠르게 황해도에서 진주한 인민군에 의해 점령되었다. 6월 27일 북한 인민군이 강화읍을 점령하자 각 지역에 인민위원회가 들어서고 우익 인사들은 체포, 구금되었다. 강화군의 초대 군수 홍재용, 강화유지 홍종화, 강화 초대 경찰서장 김추성 등이 연행되었으며, 다수의 우익 인사들도 강화산업창고에 구금되었다. 두 달이 지난 후인 9월 10일 유엔군이 인천상륙작전의 예비작전을 월미도 등에서 진행했다. 월미도에는 네이팜탄이 쏟아져 민간인 100여 명이 폭사하기도 했으며, 학도병이 주축이 되어 장사리에서 교란작전을 펼치기도 했다. 그리고 바로 15일 유엔군은 대대적인 병력을 동원해 인천에 상륙했다.

이때 강화도에서는 인민군들이 철수하기 시작했다. 일사불란한 철수가 아니라 각 읍면마다 제각각이었는데, 특히 인화리 포구로 철수했던 인민군은 9월 22일 다시 돌아와 강화 선원면 등 7개 면의 우익 인사 26명(또는 38명으로 불확실)을 강화읍 산업조합창고로 연행한 뒤 28일 인화리 강령뫼 산기슭 해변가 구덩이에서 집단학살했고, 강화읍 창고에 감금되었던 우익 청년 26명도 집단 희생되었다고 한다.[65] '강령뫼'는 신이 내리는 산이란 뜻이니 인화리 근처에서 인화돈대 자리가 유일할 듯하다. 하지만 다른 증언에 따르면 학살이 자행되었던 곳은 창후리라고도 한다. 또한 한국군 해병 3대대가 강화읍을 수복하고 이미 좌익 인사를 구금 및 처벌하고 있는 중에 가능한 일인가 하는 반론도 제기되어 있다. 이에 대한 조사는 사실상 미흡하며 이는 당시 우익에 섰던 인사들의 증언에 의존하고 있다.

1950년 10월부터는 빠르게 한국군과 민주청년반공돌격대 등의 우익 자경단이 강화도를 지배하기 시작했다. 이때 인민군에 부역한 사람들과 그들의 가족들을 체포, 구금했다. 당시 해군 510함정은 장봉도 앞바다에 정박해 있으면서 부역자를 직접 처벌했다. 강화경찰은 1950년 10월 10일 복귀했으며, 부역자 조사는 낙오 경찰인 중부경찰서 수사계 경위 전대식, 서대문경찰서 정보과 순경 윤인한, 소속 불명의 김윤수 등 10여 명이 담당했다. 이들은 수복 후 소속 경찰서로 복귀한 뒤 낙오했다는 이유로 처벌을 받을까 두려워 부역 혐의자 수사를 무리하게 추진했다.

주민들의 연행 과정에는 민간 치안조직을 동원했는데, 강화도에서는 해병대사령부가 강화치안대에게 소총과 수류탄 등의 무기를 보급했다. 강화도가 수복되자 낙오 경찰과 대한청년단 등 우익단체 출신 인사들을 중심으로 해병대의 지휘 아래 면 단위의 강화치안대가 조직되었다. 이들은 산하에 경찰 출신을 중심으로 10여 명으로 구성된 수사대를 별도로 설치해 주민들을 연행하고 취조했다. 서장이 공식 복귀한 날인 10월 10일 이들이 강화경찰서에 인계한 주민의 수가 800여 명에 달했다. 이들을 취조하고 고문하는 과정에서 상당수의 사람들이 살해되거나 불구가 되었다. 다만 이때까지 집단적인 학살의 흔적은 보이지 않았다.[66]

강화도에서 벌어진 집단학살

주민들의 통제 방안으로 11월부터 주민증이 발급되고 청년들의 소집이 시작되었다. 제2국민병이라는 이름으로 차출 가능한 청년들을 모두 모아 내륙을 통해 제주도로 이송하는 계획을 진행한 것이다. 이들 청년들이 강화도에서 빠져나가자 노인, 여성, 아이들만 남게 되었다. 그리고 중국인민해방군의 참전으로 1·4 후퇴 작전이 벌이지면서 민간인에 대한 대규모 학살사건이 자행되기 시작했다. 1월 7일에서 26일까지 한겨울에 자행된 집단학살에서 사망한 사람이 최소 650명에 이른다. 도대체 이 시기에 어떤 일이 벌어진 것일까?

먼저 후퇴 명령이 떨어진 이후 특별사면을 받아 강화도로 돌아오던 부역자들을 그 가족들과 함께 몰살시킨 일이다. 강화도 본섬 전역에서 일어난 이 학살을 주도한 것은 강화향토방위특공대라는 이름의 우익단체로, 군경 이탈자 등의 잔당과 이들로부터 무기를 지급받은 자경단원들이었다. 이들은 양조장, 창고, 방공호 등에 체포, 구금되었던 이들을 한꺼번에 폭사시키거나 총을 난사하는 방식으로 주민들을 살해했다. 또한 체포를 피해 개풍 등으로 피신했다가 송해면 돌모루를 통해 강화도로 돌아오던 민간인 70여 명이 사살되거나 강화경찰서로 끌려가 강화 장판에서 조리돌림을 당한 후 갑곶돈대 앞의 나루로 끌려가 살해되었다.

이렇게 강화도 전역에서 차마 눈을 뜨고 볼 수 없는 학살이 자행되던 중 인민군의 상륙이 개시되자 1월 18일 새벽 4시 강화향토방위특공대는 경찰서 유치장에 갇혀 있던 주민들에게 총을 난사한 뒤 후퇴했다. 생존자의 증언을 비롯해 시신을 수습하면서 현장을 목격한 주민들에 따르면 당시 희생자는 100여 명에 달했다. 한편 같은 날 내가면 주민 30여 명이 내가면특공대에게 연행되어 고천고개 등에서 살해되거나 또는 내가지서에 구금되었다가 외포리포구로 이송되어 희생되었다. 대표적인 우익 군사단체인 강화향토방위특공대는 한국군과 미군의 비호를 받으며 만행을 저지른 단체로 악명이 높다. 이렇게 본섬에서만 15일 동안 500명 가까운 사람들이 집단학살로 목숨을 잃었다.

강화도에서 일어난 집단학살의 중심에는 일명 강화특공대가 있었다. 이 특공대에는 강화향토방위특공대, 강화해병특공대, 해병특공대 등이 있었다. 특공대가 왜 여럿인지는 당시 상황을 살펴보아야 한다. 이 특공대들은 한국군과 미군의 통제하에 있던 교동 주둔 유엔군 유격대UN Partisan Forces 소속이었다. 이들은 현역 군인, 낙오 경찰, 대한청년단, 청년방위대 등으로 구성된 경기도 연백군을 비롯한 38선 이북지역의 치안대로 파악되었다. 이들은 고향에서 군과 경을 도와 좌익 혐의자 색출과 검거에 앞장서다가 1·4 후퇴 당시 교동도 등으로 피란해 치안을 유지한다는 목적으로 특공대를 조직했다. 초기에는 교동도로 유입되는 피란민을 조사하거나 식량 보급의 목적으로 연백군 등 북한의 점령지역을 드나들다가 서해안지역에서 경쟁적으로 활동을 벌이던 한국군과 미군 정보·첩보 부대의 지원으로 산발적이던 조직이 점차 통합 및 확대되어 유엔군 유격대로서의 지위를 갖게 되었다.

서해안과 주변 섬을 장악하고 있던 한국군과 미군은 유격 근거지인 강화군 교동면에서 자신들의 통제하에 있던 유격대가 비무장 민간인들을 학살한다는 사실을 인지했을 가능성이 매우 높지만 그 같은 사실을 묵인하고 방조했다. 먼저 석모도에서 발생한 학살의 배후에는 강화향토방위특공대가 있었다. 강화도 본섬에 있던 500여 명의 강화향토방위특공대와 소년단원들은 1월 18일 인민군을 피해 석모도로 후퇴했다가 31일까지 머물렀다. 이들은 1951년 1월 25일 간이학교에 소집된 삼산면 주민들을 어류정으로 끌고 가 오후 3시경 씰물로 고립된 어류정에서 살해했다. 나음날인 1월 26일에도 어류정에서 매음리 주민 34명을 살해했다. 이틀 동안 모두 53명이 희생되었다.

더 큰 학살은 교동도에서 벌어졌다. 1950년 12월 연안지역에서 활동하던 치안대 등이 1951년 1월 교동으로 철수했다. 이들은 강화 해병특공대, 해병특공대, 교동특공대, 홍현치안대 등으로 불렸으며 단일한 조직을 가지고 있지 못했다. 이들은 주민 학살뿐 아니라 서로의 이권을 놓고 다투기까지 했다. 또한 일사분란하지는 않았으나 읍사무소와 가깝던 대룡리에 본부를 두었으며, 봉소리 학교에 권역 본부, 낙두포구 등 각 마을에 파견 본부를 두는 등 어느 정도 체계를 갖추고 있었다. 각 파견 본부에서는 50여 명의 대원이 활동했다.

1952년 〈경향신문〉 기사를 보면 교동도에서 일어난 학살사건이 사회적으로 큰 문제였음을 알 수 있다. "세인의 이목을 집중시킨 강화도 을지병단 산하 특교대 사건은 기간 대구 육군본부 법무단실로부터 대구검찰청으로 송치되어 취조를 받는 중 문건 서류와 함께 대대장 김병식 외 7명이 인천검찰지청으로 이송되어 왔다. 그 범죄 사실을 보면 213명의 부역자와 그 가족 등을 살해한 것으로 또다시 거창사건을 연상할 수 있는 대규모 살해사건이었다. 한편 이 사건을 접수한 인천지청에서는 아직 담당 검사를 정하지 않고 사건의 중대성에 비추어 신중을 기하고 있다 한다. (인천지국) 해병특공대 등 이들 사이의 갈등이 문제가 되자 삼산면에 있던 육군본부 정보국 김인칙 대위와 국군 1사단 유격대인 5816부대 안일채 중위가 이들을 지휘했다."[67] 특공대 본부 또는 각 파견 본부로 연행된 주민들이 학살당한 시기는 강화도 본섬에 인민군이 진입하기 직전부터 인민군이 후퇴한 시기로, 이렇게 희생된 주민들은 최소 고구리 19명, 난정리 18명, 동산리 3명, 무학리 17명, 상룡리·봉소리 31명, 삼선리 3명, 서한리 18명, 읍내리·대룡리·양갑리 12명, 인사리 41명, 지석리 21명 등 183명이다. 법원 판결문에 따르면 희생자 수는 212명이며, 1952년 1월 5일 〈조선일보〉에 의하면 223명이다. 이들 중 74.3퍼센트는 아동, 노인, 여성이었다. 15세 이하의 아동이 전체의 33.3퍼센트였으며, 51세 이상의 노인이 14.8퍼센트였고, 여성은 49퍼센트였다.

아직도 강화도를 지배하는 우익의 냄새

하지만 이러한 사실들이 세상에 알려지기까지는 오랜 세월이 흘러야 했다. 희생자 가족들은 종전 후 지속된 군사독재로 인해 숨죽여야 했고, 1987년 이후 민주화가 시작되었어도 가해자 주민들이 강화도의 유지가 되어 권력을 갖게 됨으로써 여전히 피해자들을 억압했다. 2000년이 되어서야 '강화양민학살 희생자 유족회'가 결성되고 갑곶돈대 앞 나루터에서 처음으로 위령제를 열 수 있었다. 2012년에는 서울중앙지법 민사32부가 강화도 서 아무개씨 등 한국전쟁 당시 우익단체에 의해 학살된 피해자 자녀 등 유족 10명이 국가를 상대로 제기한 손해배상청구 소송에서 서씨 등 9명에게 "국가는 피해자 및 유족들에게 5억 3000만 원을 배상하라"고 원고 일부 승소 판결을 내렸다. 재판부는 피해자에게 8000만 원, 피해자 배우자에게 4000만 원, 자녀에게 800만 원씩 지급하라고 선고했다. 또한 재판부는 판결문에서 "당시 우익단체인 강화향도방위특공대 등이 경찰의 지시 또는 묵인 방조하에 민간인들을 희생한 것이 인정된다. 적법한 절차를 거치지 않고 비무장 상태인 주민들을 총살했다. 그래서 국가는 이 사건 희생자들과 유족들이 겪은 정신적 고통에 상응하는 손해를 배상할 의무가 있다"고 밝혔다.

또한 2015년 대법원은 우익 청년특공대가 저지른 '강화 교동도 민간인 학살사건'과 관련해 64년 만에 국가의 책임을 인정하는 판결을 내렸다. 대법원은 '방 아무개'씨 등 민간인 학살 희생자 유족 3명이 국가를 상대로 제기한 손해배상청구 소송의 상고심에서 원고 승소 판결한 원심을 확정했다. 대법원은 방씨 유족에게 1억 4400만 원, 다른 방 아무개씨 유족에게 각 6450만 원, 전 아무개씨 유족에게 8950만 원을 지급하라고 판결했다.

이렇게 무고한 이들이 국가 폭력에 의해 희생당했다는 판결이 나도 정작 강화도의 분위기는 전혀 딴판이다. 여전히 강화특공대 전우회가 버젓이 활동중이고 법원 판결도, 국가적인 조사도 전혀 인정하지 않는 분위기이다. 강화군 역시 희생자들을 위한 위령탑이나 추모공원 건립 요구를 묵살하고 있다. 여전히 강화도를 지배하는 우익들의 냄새가 짙게 풍긴다. 염주돈대 아래 해안 철책과 도로 사이 공터에는 꽤 오래전부터 '6·25참전유공자회강화지부'라는 이름의 비석 하나가 서 있었다. 그동안 이곳을 참전용사 기념비만 홀로 덩그러니 자리를 지켰으나 강화군이 참전용사의 애국정신을 기리고 후손에게 안보의식을 심어주기 위해 2016년에 군비로 기념공원을 조성했다. 송왕근 강화군 복지팀장은 "2018년 초까지 공원에서 강화평화전망대까지 17킬로미터에 걸쳐 철책 체험 걷기 코스를 만들어 이 일대를 안보 관광지로 개발할 계획"이라고 했다.

강화도는 여전히 전쟁중이다. 반공과 우익사상이 섬을 지배하고 있다. 전쟁 후 두 세대가 지나도 여전하다. 이곳이 언제 차별과 혐오에서 화해로 나아갈 수 있을까? 이제 통일이 시대의 화두이며 평화는 지척에까지 와 있다. 그럼에도 강화도는 여전히 냉전의 땅으로 남으려고 하는 것일까?

광암돈대의 외부 모습. 마침 무궁화가 만개했다. 돈대의 평면 형태는 방형으로 폭은 동서 30미터, 남북 30미터이며, 석벽의 높이는 2~3미터이다. 남쪽의 중간 지점에 문지가 마련되어 있다. 문지의 높이는 1.5미터, 폭은 1.6미터이다. 포좌는 북쪽으로 3문을 설치했으며, 포좌 내부의 높이는 1미터, 폭은 1.5미터이다.

광암돈대의 무너진 성벽을 떠받치고 있는 폐타이어. 군이 설치한 것이다. 현재는 군시설물에 의해 돈대 내부가 변형된 상태이다. 자연적으로 붕괴된 부분과 교란지역이 있기는 해도 상태가 매우 양호한 편이다.

터만 남아 있는 인화돈대. 내부에서는 교동도가 바라보인다. 돈대의 석벽은 현재 남아 있지 않으며 토축만이 나즈막하게 잔존하고 있다. 남서쪽의 바다와는 약 100미터가량 내륙으로 들어와 위치하고 있다. 토축의 윤곽으로 추측해볼 때 돈대의 규모는 남북 48미터, 동서 19미터로 세장방형의 돈대이다. 좌우측 벽체의 높이는 약 2~3미터가량 남아 있다.

인화돈대 내부의 모습은 완연한 당집 분위기이다. 돈대 남동쪽에는 교동과 연결되는 송전탑이 있으며, 그 아래쪽에 범바위와 당집이 있다. 하단부 능선에는 연백군 망향비와 누각이 있다. 돈대 주변에서는 면석이 드물게 보이며, 돈대 부근에 인화보와 포대가 설치되어 있었을 것으로 추정된다.

박정희의 반미 성지 만들기

|

가리산돈대의 이상한 연병장
용당돈대의 한 그루 나무는 일품이다
박정희의 역사 만들기와 돈대

갑곶 아래 더러미라는 마을이 있다. 요즘 사람들은 이곳으로 '갯
벌 장어'라 불리는 강화 양식 장어를 먹으러 온다. 언제부터 이 마을
이 장어 타운이 되었는지는 알 수 없지만 아마도 농촌특성화사업 이
후일 듯하다. 이 마을 뒷산에 사라진 돈대가 하나 있다. 그냥 산 이
름을 붙여 가리산돈대加里山墩臺라고 부른다. 올라가는 길은 가파르고
사유지인지 별장들이 들어서 있었다. 가리산돈대는 보호 유적이 아
니므로 주변을 마음대로 변경시켜도 관의 제재를 받지 않는다.

더욱 놀라운 것은 돈대 터 바로 아래 넓은 공터가 있었는데 마치
연병장처럼 보였다. 관의 눈을 피해 몰래 만든 듯한 연병장이라니,
무슨 무술이라도 연마하는 단체가 있는 것인가? 단상이 마련되어
있고 묵직한 석비들이 연이어 서 있었다. 가까이 다가가보니 중앙에
조악한 동상들도 서 있었다. 어려 보이는 3명의 남자가 한복을 입고
곡괭이 같은 것을 들고 있었다. 찬찬히 둘러본 후에 이곳이 강화도
의 우익단체인 '소년유격대'에서 제멋대로 만든 시설이란 것을 알게

되었다. 이 단체는 강화특전대와 함께 한국전쟁 당시 자경대 역할을 하고 민간인 학살에도 가담한 조직이다. 전쟁 후 강화도에서 세력을 유지하며 완장을 차고 독재에 부역한 이들이기도 하다. 박정희 때가 그랬고 전두환 때가 그랬다. 아니나 다를까? 석비 곳곳에 박정희 찬양이 눈에 띈다. 그래, 이번에는 돈대와 박정희가 어떤 관계인지를 알아보아야겠다.

가리산돈대에서 만난 우익들의 연병장

정상에 오르니 평탄하고 너른 터가 나왔다. 당연히 이곳이 돈대가 있던 자리임을 알 수 있었다. 하지만 그 흔한 면석도, 벽체를 이루던 석재도 모두 사라졌고 내부를 채우고 있던 잡석들만이 흩어져 있었다. 예전에 이곳을 조사한 이들은 동서 20미터, 남북 34미터의 장방형 돈대가 염하를 바라보고 서 있었을 것이라고 추정한다. 동쪽으로 3문의 포좌를 두고 서쪽 중심에 출입구를 두었던 것으로 보인다. 동쪽 경사면에 서니 갑곶과 염하 넘어 문수산성이 보이는 것이 위치는 매우 좋았다. 이곳 가리산돈대는 용진진에 속한 돈대였다. 용진진은 걸어서도 금방 도착할 정도로 가까웠다. 갑곶의 중요성으로 병자호란 이후 효종이 이곳에 성을 쌓은 뒤 용진진龍津鎭이라 이름했다. 만호 한 명이 100여 명의 군관과 사병을 관리했다. 용진진은 숙종 때 축조한 가리산돈대, 좌강돈대左岡墩臺, 용당돈대龍堂墩臺 등 3개의 돈대를 관리했다. 이곳의 돈군이 18명이므로 각 돈대당 6명이 숙직을 했을 것이다. 하지만 고종 때의 병인양요와 신미양요 당시 용진진도 파괴되어 근래까지 진성의 홍예문 정도만 남아 있었다. 1999년 그 홍예문에 문루를 올리고 좌강돈대를 복원했다.

용진진에 도착해보니 참으로 옹색했다. 덜렁 복원한 진성의 문 하나를 좌강돈대까지 성벽으로 이었다. 이 진성의 문루 이름이 참경루斬鯨樓인데 강화도의 문인 화남華南 고재형(高在亨, 1846~1916)은 이곳에 서서 다음과 같이 노래했다.

참경루 아래에는 물소리가 요란한데,	斬鯨樓下水聲多
훈련하던 많은 군사 모두 다 어디 갔나.	操習千軍摠去何
신申 통어사 나라 지킨 일 그 누가 잊으리,	申使關防誰不憶
석양에 칼 어루만지며 한바탕 크게 노래하노라.	斜陽撫釼一高歌

참경루는 용진진의 남쪽 문으로 숙종 때 강화유수 겸 진무사였던 신후재申厚載가 세웠다. 시에 등장하는 신 통어사가 바로 신후재이다. 정조 때는 강화유수 김노진金魯鎭이 "누각의 이름을 '참경'이라 한 것은 장차 뜻을 두려는 것이다. 뜻을 두는 것은 하늘의 질서와 사람의 규범이 세워지는 것이다. 병자 정축년의 호란을 당하여 저 어리석은 자들이 교만하게 굴면서 국사를 그르친 원인은 뜻을 세우지 못했기 때문이다. (……) 이 누각에 올라 참경이란 이름을 되돌아보니 후대에 반드시 나의 뜻과 같이하여 기록하는 자가 있을 것이다"라고 기록했다.

참경루에 올랐다가 성벽을 따라 좌강돈대로 발길을 옮겼다. 1999년에 신축되다시피 한 돈대인데 돈대 하단을 보니 1, 2단 정도만 원래의 면석이었다. 전에는 용진마을 사람들이 경작지로 사용했다고 한다. 좌강돈대는 원형으로 지름은 약 32미터 정도 될 듯하다. 주변이 평지라 이 구릉에서도 주변이 훤히 보였다. 용진진 안에서도 중앙 초소의 역할을 하여 그 중요성이 꽤 컸을 것이다. 늦은 오후에 지나다니는 마을 사람들을 내려다보니 당시는 어떠했을까 문득 궁금해졌다. 민통선 북쪽의 사라진 돈대도 이렇게 복원을 해놓으면 오래된 유적과 현존하는 마을이 공생하는 것이 아닐까라는 생각이 들었다.

용진진의 남은 또하나의 돈대가 용당돈대이다. 20년 전에는 면석 하나 찾아볼 수 없을 정도로 파괴되었던 돈대였는데 2001년에 발굴 조사를 마치고 지금의 모습으로 복원되었다. 그러고 보니 박정희 때부터 갑곶돈대에서 초지돈대까지 염하 근처 강화도 동쪽 돈대는 모두 수리하거나 복원한 셈이었다. 용당돈대는 연리마을 해안 돌출지역의 높은 산자락에 위치해 있다. 남쪽에는 사망금포대가 자리해 매우 중요한 전략적 위치였음을 알 수 있다. 돈대는 타원형으로 4문의 포좌가 설치되어 있다. 돈대 정중앙에는 갈참나무 한 그루가 서 있는데 다른 돈대에서는 볼 수 없는 풍경이다. 이 돈대를 복원한 이가 무슨 생각을 했는지는 모르겠지만 운치 있게 나무 한 그루를 심어놓은 것이다. 절로 미소가 지어지는 풍경이었다.

마을 안 용진진의 새로운 풍경

돈대를 돌아다니다가 문득 박정희 정부 시절이 떠올랐다.

1970년대 학교를 다닌 사람들은 아주 지겹도록 들은 성웅과 성인들의 이야기가 있다. 을지문덕, 이순신, 이율곡 등등. 하지만 박정희는 1960년대 초만 해도 우리 역사에 대해 매우 부정적이었다. 무지, 게으름, 당파 등 5000년 역사 그중에서도 조선은 박정희에게 아주 못된 나라였다. 아마도 일본의 식민지 교육 탓이었으리라. 그래서인지 박정희의 역사인식은 일제 식민사관을 연상시킬 정도로 부정적이었다. 그런데 1960년 말부터 박정희의 역사관은 민족의 긍정적 측면을 적극 강조하는 쪽으로 변하기 시작했다. "우리의 반만년 역사는 한마디로 말해서 퇴영과 조잡과 침체의 연쇄사였다 할 것이다. 고식, 나태, 안일, 무사주의로 표현되는 소아병적인 봉건사회의 한 축도판"이라던 박정희의 역사인식은 "창조, 협동, 애국은 서구의 논리에서도 지상의 생활신조이며 기본 가치이겠지만, 이것은 바로 우리 선조들이 지켜온 역사적 유산의 중심 가치, 즉 홍익인간의 이상이요, 화랑도의 정신이요, 서민사회의 이상"으로 바뀌었다. 심지어 "이 모든 악의 창고 같은 우리의 역사는 차라리 불살라버려야 옳은 것"이라던 극단적인 부정 논리는 "우리의 고유한 미감과 예지에 찬화활동의 전통을 더욱 발휘시켜야 한다는 사명감을 투철하게 느껴가고 있다"로 대치되었다.

박정희의 입장이 이같이 변한 이유는 처음 혁명의 당위성을 입증하기 위해 민족사를 부정했지만, 곧 자신이 기획한 혁명의 완수를 위해서는 '민족공동체'적인 숙명에 호소하며 역사를 동원하지 않을 수 없었기 때문이다. 박정희는 "쓰레기통 같은 과거의 실패를 거름 삼아 그 위에 장미꽃을 피우고야 말 것"이라는 심정으로 우리의 민족사를 과거와 같은 패배, 문약, 타율, 모방의 역사가 아닌 완전히 새로운 영웅적 민족사로 재구성하고자 했다. 이를 위해서 박정희 정부는 군사혁명 초기부터 사적지 성역화사업을 준비하기 시작했다.[68]

1960년대 후반부터 이순신을 성웅으로 만들더니 70년대에는 세종대왕, 신사임당과 율곡을 성인의 반열에 올려놓았다. 이는 1970년대 유신과 장기 집권을 위한 역사 만들기의 일환이었을 것이다. 그런 성웅 중에는 자신도 있었다. 박정희의 개인숭배 역시 1970년대를 풍미했다. 박정희 하면 경제개발이나 독재를 떠올리곤 하지만 이를 가능케 하기 위한 문화정책이나 국민 동원에 대해 깊이 알고 있는 이는 드물다. 인간이 밥만 먹고 살 수 없으니 문화를 만들어 더욱 열심히 부려먹자는 발상이랄까? 하지만 보다 정교했다. 박정희 문화정책의 배경은 무엇이었을까?

첫째, 1950년대에 비해 박정희가 집권한 이후 문화에 대한 관심이 증대한 1960년대는 경제개발계획의 성공으로 여유가 생겼다. 절대빈곤의 문제가 심각하거나 정치·안보 문제가 시급하다면 문화에 대한 관심은 줄어들 수밖에 없다. 둘째, 박정희 정부는 쿠데타로 집권했기 때문에 정권의 윤리적 한계가 있었다. 게다가 만주군관학교와 일본 육사 출신이라는 개인의 태생적 한계는 늘 친일파라는 의혹이 꼬리표처럼 따라다니게 만들었다. 그래서 박정희는 반공주의나 민족주의와 같은 이념을 강조함으로써 정치적 정당성을 확보하려고 했다. 그리고 이 과정에서 프로파간다, 즉 정치선전을 위해 문화정책이 갖는 역할이 중시되었다. 셋째, 당시 남한은 자본과 기술 등 성장을 위한 선진적 조건들이 지극히 미미한 반면 상대적으로 노동력만

양과 질에서 풍부했다. 저임금에 바탕을 둔 수출주도형 성장 전략을 결정한 이상 국민의 동원화는 핵심적 과제였다고 할 수 있다. 마지막으로 북한과의 체제 경쟁과 같은 대외적 요인들은 박정희 정부의 민족문화사업을 절실하게 만들었다. 1960년대 후반은 북한에서 김일성의 유일사상체계가 확립되던 때였고, 북한과의 체제 경쟁에서 우월성을 입증해야 하는 시기였다.[69]

이때 수많은 민족적 성웅 만들기와 함께 진행된 것이 성역화 작업이다. 대표적인 것이 경주와 화랑, 현충원과 이순신 그리고 강화도와 외세에 맞선 충성스러운 백성들이다. 1976년 박정희는 '강화도 전사유적 보수정화사업'을 시작했는데 당시 10억 원의 비용으로 1차 고려궁지 등 대몽항쟁을, 2차로 덕진진, 광성보 등 신미양요 관련 유적을 정화했다. 정화사업은 발굴, 복원, 주변지 및 도로 정비 등으로 이루어졌다. 같은 해 고려궁지 서쪽부터 발굴이 시작되었다. 제1공구는 고려궁지, 이방청과 동헌, 강화성의 서문과 북문 및 갑곶돈대 등 지금의 강화읍을 중심으로 이루어졌고, 제2공구는 덕진진(문루, 성곽, 남장포대, 덕진돈대), 광성보(문루, 성곽, 광성돈대, 쌍충비각, 신미순의총, 용두돈대), 초지진, 삼랑성 등 강화도 내해의 각 포대를 중심으로 이루어졌다. 1공구 지역이 대체로 대몽항쟁을 염두에 둔 발굴 복원이었다면, 2공구는 대원군대(代)의 병인양요와 신미양요에 관련된 전적지였다.[70]

1977년에는 자신이 직접 이곳을 방문해 새롭게 단장된 유적들을 돌아보며 신미양요 당시 사망한 무명용사들의 단에 헌화하고 분향하기도 했다. 그는 강화도를 자주국방과 반공의 산교육장으로 만들자고 제안했다. 덕분에 강화도는 전 국민의 반공 교육 관광지로 탈바꿈하게 되었다. 하지만 이때 수리된 돈대 등은 엉터리 복원이었을 뿐만 아니라 그나마 강화교에서 가까운 몇 개의 돈대에 그쳤다. 대다수의 돈대 유적은 방치되거나 해병대의 초소로 활용되면서 원형이 파괴되고 유실되었다.

강화도 전사유적 보수정화사업과 돈대

강화도는 국민의 살아 있는 반공 교육장으로 국민의 역사의식 고취를 위한 관광지라는 의미가 부여된 국민 관광지로 지정되었다. 1970년 강화대교가 완공되자 서울과 1일 생활권이 되어 수도권 지역의 관광객이 강화도를 찾기 시작했다. 정화사업과 국민 관광의 결합은 강화도가 가진 다양한 역사 유적과 더불어 섬이라는 자연환경이 있었기에 가능했다. 강화 전적지 정화사업의 결과는 국난 극복의 호국 의지를 국민 관광과 결합시킴으로써 현충사와 달리 지속적이고 대중적인 효과를 발생시키게 되었다.

여기서 잠깐 주목해야 할 부분은 반공에 입각한 박정희가 왜 미국에게 당한 신미양요에 주목했느냐는 점이다. 반미인가? 사실 그랬다. 미국에 카터정부가 들어서고 박정희에 대한 압박은 심해졌다. 미군 철수 이야기도 나왔다. 이에 박정희는 핵무기 개발 카드를 꺼내들었는데 신미양요라는 역사적 팩트를 함께 들고나온 것이다. 정말 아이러니한 대목이다. 특히 그는 미군에 의한 사상자가 가장 많이 발생한 용두돈대를 돌아보고 친필로 전적지 정화기념비를 세우기도 했다. 돈대가 민족주의로 참 피곤하다. 우리는 현재 또 어떤 민족주의로 우상을 세우고 있나 돌아보아야 할 것이다.

용진진에 소속되어 있던 가리산돈대는 신정리의 더러미마을 뒷산, 해안도로 개설로 절개된 산지의 야산 가장 높은 곳에 위치해 있다. 돈대가 입지한 곳은 동쪽 바다를 향한 면의 경우 지형이 매우 급하고, 돈대가 위치한 곳은 제법 넓은 평탄지로 형성되어 있다. 현재 벽체를 이루었던 석재들은 모두 훼손되어 그 외형을 파악할 수 없다. 동서 20미터, 남북 34미터의 장방형 돈대이다. 바다를 향한 동쪽으로 3문의 포좌가 설치되었고, 서쪽 중심에 출입구를 두었던 것으로 보인다.

가리산돈대는 토축의 흔적과 강화 외성과의 연결 흔적이 남아 있다. 현재 돈대에서는 출입구의 위치와 포좌 1문의 위치가 확인된다. 내부는 경작지로 활용되었으나 현재는 비어 있다. 서쪽 하단에는 돈대를 축조하는 데 활용한 것으로 추정되는 석재가 집결되어 있다.

좌강돈대는 용진진 소속의 돈대로, 수로 측면의 매우 낮은 구릉에 위치하고 있다. 이곳은 수로를 따라 침입하는 외적을 방어하기 위한 목적으로 축조되었던 듯하다. 원형의 돈대로 지름은 32미터이다. 서쪽으로 출입문이 만들어져 있고, 동쪽으로 4문의 포좌가 설치되어 있다. 원래 돈대 면석의 1, 2단 정도 남아 있던 것을 1999년에서 2000년에 걸쳐 용진진 문루(참경루)와 함께 복원, 정비한 것이다.

용당돈대는 타 지역에 비해 동쪽으로 매우 돌출된 곳에 위치하고 있는 지형적 특성을 지니고 있다. 원래의 면석을 찾아볼 수 없으나 토성이 뚜렷이 남아 있어 윤곽 확인이 어렵지는 않다. 타원형의 돈대로 서쪽에 출입구 시설을 두었으며, 북쪽과 동쪽, 남쪽에 걸쳐 4문의 포좌를 설치했다. 돈대 중심부 남쪽에는 건물지가 있었던 것으로 보이는 토단이 남아 있는데 동서 7미터, 남북 5미터의 규모이다. 이 돈대는 2001년에 발굴 조사를 마쳤으며, 현재 복원을 완료한 상태이다.

유네스코 세계문화유산으로서의 가능성

|

석양으로 유명한 장화리의 장곶돈대, 북일곶돈대
세계문화유산의 탁월한 보편적 가치란 무엇인가?
돈대의 현실은 너무도 안타깝다

강화도를 무수히 드나들며 섬의 동서남북 구석구석을 돌아다녔
다. 다리가 몇 개 있지만 그래도 강화도는 섬이다. 사람들도 섬 기질
이 다분하고 풍경도 섬의 생경함 그 자체이다. 국내에서 손꼽을 정
도로 큰 섬이지만 사실 마음먹고 한 바퀴를 돌자면 해안선 길이가
100킬로미터 정도이니 자동차로 2시간이면 충분하다. 이곳의 가장
큰 산업은 무엇일까? 그것은 고려 때부터 부단히 만들어진 간척지에
서 나오는 쌀과 기타 농산물일 것이다. 농업은 강화도의 제1산업이
다. 또한 그리 큰 규모의 선단은 없지만 새우와 밴댕이가 특산품이
기도 하다. 그리고 여전히 광대한 갯벌에서 나오는 패류가 강화도의
깊은 맛을 책임지고 있다. 그래서 이곳 중국집의 짬뽕은 바지락이
주재료이다.

공장은 거의 찾아볼 수 없는데, 제조업이 전무하다시피 하니 제
2의 산업이 관광이다. 박정희가 이곳을 안보 관광지로 만든 1970년
대 이후 서울과 수도권 사람들이 꾸준히 찾아왔다. 내가 청년이었던

1980년대도 이곳 강화도는 연인들의 데이트 코스 1번지였던 것 같다. 교동이나 석모도까지 갔다가 일부러 마지막 배를 놓쳤다는 너스레도 심심치 않게 들을 수 있다. 그래서 강화도에는 유난히 많은 식당과 숙박업이 섬의 경제를 책임졌다. 하지만 2000년대 들어서면서 강화도의 매력은 점차 줄어들었다. 새로운 것은 없고 교통망은 전국으로 확대되어 사람들의 발길이 끊어진 것이다. 하여 강화도는 무엇인가를 개발해야 했고 새롭게 찾아낸 것이 바로 갯벌이다. 서해안의 갯벌이 간척이라는 이름으로 사라질 때 강화도는 갯벌 체험 프로그램을 개발했다. 그 현장이 강화도의 남서쪽에 위치한 장화리의 갯벌센터이다.

80년대 연인들의 데이트 코스

장화리 갯벌은 사실 어른들보다는 아이들에게 많이 알려진 곳이다. 지난 10여 년 간 초등학교와 유치원에서는 체험학습 선풍이 불어 부모와 함께 이곳 갯벌을 많이들 찾았다. 어쩌면 갯벌이란 곳은 물때만 잘 알고 있으면 안전사고 없이 즐길 수 있는 공간이다. 또한 그 많은 해양생물들을 직접 볼 수 있는 곳이기도 하다. 나 역시 아이들과 함께 장화리 갯벌에 다녀온 적이 있다. 강화도의 갯벌 관광화는 환경생태사업인 셈이다. 그런데 갯벌을 체험한 이들이 더 멋진 풍경을 발견했으니 그것은 바로 일몰이다. 교동과 석모도가 먼바다를 가리는 북쪽보다 장화리처럼 남쪽은 수평선에서 해가 지는 풍경을 감상하기에 그만인 곳이다. 이곳은 곧 '해넘이마을'이라는 이름으로 불리고 일몰 조망지까지 만들어졌다. 그리고 그 일몰 조망지 양쪽으로 돈대가 자리하고 있다. 일몰 조망지 북쪽으로 돈대 이름처럼 바다로 길게 튀어나온 장곶돈대長串墩臺는 산을 등지고 갯벌을 바라보고 있다. 이런 지형상의 특징으로 관측과 방어에 매우 유리했을 것이다.

돈대 앞은 밭이었다. 돈대 문 앞에 서니 외관은 말끔한 것이 보기 좋았다. 1993년 현지에서 석재를 조달해 보수했다고 하는데 벌써 28년 전이다. 안으로 들어가니 원형의 마당에 잔디처럼 풀이 돋아 있었다. 돈대는 무너진 곳이 없어 보였지만 자세히 보니 회곽로를 흙으로 덮어 마무리해 여기저기에서 돌들이 빠져나가고 있었다. 보수하기 전과 같이 점차 무너져내릴 것만 같았다. 돈대에 올라 남서쪽 갯벌을 바라보았다. 아침이라 멀리까지 물이 빠져나가 텅 빈 광대한 갯벌은 멀리서 보면 그냥 무無였다. 지평선까지 아무것도 없을 것만 같은 느낌이었다. 그 옛날 이곳에서 근무했을 조선의 병사도 나처럼 이런 느낌이었을까?

장곶돈대는 북일곶돈대北一串墩臺, 미곶돈대와 함께 장곶보가 관할하는 돈대였다. 북일곶도 장곶처럼 해안선에서 많이 돌출된 지형으로 육지에서 이어진 산의 능선을 제외하면 남북서가 모두 절벽이다. 이곳에 처음 답사를 왔을 김석주의 눈에 돈대 터임이 분명했을 듯하다. 아마도 평삭을 하고 주변에서 돌을 구해 돈대를 쌓았을 것이다. 회곽로를 빙 둘러 치첩이 32개 있었다고 하는데 지금 남아 있는 것이 없다. 여장 또는 성가퀴라 불리는 치첩이 남아 있지 않은 이유는 치첩을 쌓는 박석들을 붙이는 회반죽이 오랜 비바람에 차츰 녹아 떨어져나갔기 때문일 것이다. 일부 복원되었지만 치첩이 벽돌로 된 것들은 고증 실패라 할 것이다. 북일곶돈대는 둘레가 122미터 정도인 장방형으로 다른 돈대에 비해 석벽, 문루, 포좌 등의 보존 상태가 매우 양호한 편이다. 얼마 전까지는 돈대 근처에 군부대 초소가 있어 출입자들을 조사하기도 했다. 하지만 일몰을 보러 오는 관광객들이 늘어나면서 둘레길이 들어서고 초소는 사라졌다. 장곶과 마찬가지로 북일곶도 갯벌과 일몰을 보기에는 최적의 장소이다. 이곳에 인간이 만든 성곽이 어우러져 묘한 역사성을 더한다. 자연, 인간, 건축이 한 장소에 공존하고 있다.

일몰 조망지로 각광받는 돈대

2015년부터 최근까지 돈대를 둘러보며 공부하고 사진으로 기록하는 동안 그 유적의 가치도 많이 변했다. 대표적인 것이 돈대를 '세계문화유산'으로 등재하려는 시도이다. 세계유산은 '세계문화 및 자연유산의 보호에 관한 협약'에 따라 전 인류가 공동으로 보존하고 후손에게 전수해야 할 보편적 가치가 있다고 인정된 유산을 세계유산목록에 등재시킨 것을 말한다(1972, 세계유산위원회WHC). 최근 세계 전역에 분포한 높은 가치의 역사적인 장소들이 세계유산으로 등재되면서 유산을 활용한 관광산업 추진은 국력에까지 영향을 미치게 되었고, 나아가 자국의 세계유산 건수가 그 나라의 문화 수준에 대한 평가 지표로까지 여겨지게 되었다.[71] 현재 강화도는 인천광역시에 소속된 지방자치단체로 이미 고인돌이라는 세계문화유산을 보유하고 있다. 하지만 인천시 입장에서는 독자적으로 보유한 유산이 없다. 고인돌은 전북 고창과 전남 화순이 동시에 보유한 유산이기 때문이다. 우리나라는 불국사를 비롯해 문화유산 13건과 제주도와 갯벌 등 자연유산 2건을 세계유산으로 보유하고 있다. 또한 세계유산에 등재되기 전에 잠정목록으로 먼저 승인을 받아야 하는데 현재 13건의 잠정목록이 등재되어 있기도 하다.

인천시는 강화도 방어시설인 진·보·돈대·산성을 '강화해협 관방유적'으로 묶어 유네스코 세계유산에 등재하기 위한 작업을 추진하고 있다. 강화도의 문화적·자연적 공간이 유산적 가치를 인정받기 충분하다고 생각하는 것이다. 학자들은 강화도를 "고유 지형의 독특한 갯벌지역을 배경으로 오랜 시간 동안 한반도 국가들의 국방 보루 역할을 한 역사적 지역이며, 한반도 통일 미래의 한 축이 될 공간적 요소와 시간적 요소가 공존하고 있는 지역"이라고 보고 있다. 또한 강화해협은 한반도 역사의 한 축이었다고 할 정도로 역사적 사건이 많이 일어난 곳이기도 하다. 강화도는 삼국시대부터 시작해 고려시대에는 왕도로서 강도라 불렸고, 조선시대 전기에는 왕들의 피난 보장처, 후기에는 격동의 외세 침입을 겪은 지역이었다. 병자호란 때 후금에 의해 강화도가 함락된 뒤 그에 대한 대비책으로 해안선을 따라 방어진지를 본격적으로 축조하기 시작한 것을 '해안관방유적'의 효시로 보고 있다. 인천시는 2015년 두 차례의 학술회의를 거쳐 "강화도 해안 전체를 감싸는 성벽과 중요한 포대, 요새시설은 역사적으로 유례를 찾기 어려운 독특한 관방시설로 세계유산 등재 기준에 적합하고, 등재 가능성이 상당히 높다"는 판단하에 해양관방유적인 강화

도의 진·보·돈대를 세계유산 등재 대상으로 결정해 사업을 진행하고 있다.[72]

　지금까지 강화도의 돈대를 둘러본 나의 판단으로는 조선 후기 그리고 근대라는 시공간에서 건축적 가치가 있고 경관도 탁월한 사례이다. 또한 인간이 바다를 이용해 스스로를 지키려고 했던 독창적인 아이디어도 높이 살 만하다. 하지만 몇 가지 측면에서 깊이 고려해야 할 것도 있다. 일단 인천시가 추진하려는 해안관방유적의 범위가 너무 넓다는 것이다. 고려시대부터 조선 후기까지, 강화도와 김포 및 인천까지 시공간의 부피가 너무 커 집중이 안 된다. 그런 의미에서 돈대에 집중할 필요가 있다. 즉 병자호란 이후 돈대가 축조되고 몰락한 조선 말까지가 그 시공간이다. 특히나 이것저것 많이 모아 등재하려다 실패하면 오히려 쓸모없는 유적이라는 편견만 심어주게 된다. 그런데 문제는 사실 돈대 자체에 있다.

돈대의 탁월한 보편적인 가치는 가능한 것일까?

　현재 54개 돈대 중에서 시나 군의 유적 지정으로 보호를 받는 것은 14개이다. 그나마 전체 25퍼센트만이 관리를 받고 있는 것이다. 조사를 해보니 최근에 실시한 돈대 14개의 시·도 지정문화재 점검은 2014년 8월이었다. 당시 돈대 조사에서 상태가 양호한 A등급은 하나도 없었다고 한다. 정밀진단과 긴급 수리가 필요한 E등급 판정을 받은 돈대가 6개로 가장 많았고, 나머지 8개 중 절반이 B등급, 절반은 C등급에 해당했다. E등급 중 굴암돈대, 미루지돈대彌樓只墩臺, 선수돈대船首墩臺는 이후 보수 작업을 마쳤지만 건평돈대, 북일곶돈대, 화도돈대는 지금까지도 보수 공사가 이루어지지 않았다.

2017년 조선군이 사용하던 화포인 '불랑기'가 발견된 건평돈대는 학계의 이목이 집중되었는데, 돈대 문지를 비롯한 성벽 내측과 외측 석축은 대부분 무너진 상태였다. 하지만 이런 발굴로 인해 돈대의 현 실태를 세상에 알리는 역할도 했다. 이 발굴에 참여한 인천시 관계자는 "건평돈대에서 출토된 불랑기는 조선시대 무기사 연구는 물론 조선 후기 도성과 강화 방비체계 연구에서 보기 드문 실물 자료로서 가치가 매우 크다. 현재 추진중인 강화 돈대의 세계문화유산 등재 사업과 관련해 유적의 가치를 높이는 데 기여할 것"이라고 했다. 사실 문화재청은 2014년 당시 점검에서 건평돈대의 발굴 조사가 끝나는 대로 돈대의 정비 및 보수 공사를 해야 한다는 의견을 제시했었다. 하지만 강화군 관계자는 "건평돈대는 아직 발굴 조사를 하는 중이어서 보수 작업을 시작하지 못한 상태이고 화도돈대는 발굴과 1차 보수 공사가 끝남에 따라 남은 성벽이나 주변 돈대 복원을 마무리한 뒤 보수 계획을 수립할 것"이라고 했다. 주의 관찰이 필요한 C등급 판정을 받은 무태돈대는 균열이 생긴 성벽을 담쟁이넝쿨이 덮고 있는 상태이다. 시·도 지정문화재가 아닌 나머지 돈대 40개는 점검 대상에서조차 제외되어 있다. 강화군 관광과는 "돈대의 수가 많아 보수하려면 건당 수억 원이 들어 자체 예산으로는 감당하기 어렵다. 강화도를 상징하는 유적인데 제대로 관리하지 못해 안타깝다"고 했다.[73]

이것이 돈대의 현실이다. 세계문화유산의 등재 조건에 무엇 하나 만족시킬 것이 없어 보인다. 관리를 하겠다고 지정한 유적이 14곳밖에 안 되는데다가 민통선 안에 있는 것이 23개이다. 흔적도 없이 터만 남은 곳도 여럿이다. 민통선 안에 있는 돈대는 군의 통제하에 있어 조사도 쉽게 하지 못하는 지경이다. 게다가 1970년대 박정희가 보수한 돈대는 거의 창작에 가까워서 그 독보적이거나 독창적인 원형이 훼손된 상태이다. 혹자에 의하면 그것마저 역사이니 충분한 설명과 배경으로 설득하면 되지 않겠는가 하지만 외국의 세계문화유산은 기본적으로 나름의 원형을 잘 보존하고 있다는 것을 상기할 필요가 있다. 서울의 한양도성은 이미 훼손된 구간을 고증해 새로 쌓았지만 유네스코는 이를 받아들이지 않았다. 물론 그렇다고 돈대가 세계문화유산으로서의 가치가 없다거나 그 탁월성이 부족하다는 것은 아니다. 지금까지 거의 모든 돈대를 보아온 결과 가치는 차고 넘친다고도 할 수 있다. 하지만 무엇인가 준비가 안 된 느낌이다.

예전에는 찬란한 문명을 꽃피웠지만 지금은 저개발국의 신세를 면치 못하는 국가에도 세계문화유산은 존재한다. 이 나라들은 전적으로 국제적인 지원을 받거나 고액의 입장료로 유적을 관리한다. 선진국의 유산들은 오로지 자국의 세금으로 철저하게 보호하고 있다. 우리 형편은 어떤가? 우리나라는 OECD 국가 중에서도 상위에 속하는 선진국이다. 그런데 그에 걸맞은 문화제도는 너무 낙후해 있다. 늘상 먹고사는 일에만 열중한 탓이다.

돈대의 경우만 비추어보아도 주위의 사유지 문제는 개발 이익에 급급한 이기주의가 도사리고 있다. 사실 적절한 보상과 후대에 경관을 물려주는 것으로도 도민들과 얼마든지 타협 가능한 일이다. 또한 군부대의 지나친 돈대 점유도 해결해야 할 문제이다. 돈대는 이미 군부대로서의 기능을 잃었다. 협소하고 전근대적이다. 얼마든지 돈대를 비우고 철수해도 안보상의 문제가 있을 리 없다. 이는 군대가 재산권을 행사하려는 아집에 가까워 보일 뿐이다. 게다가 이들이 불필요하게 훼손한 돈대의 모습은 국가 유적을 파괴한 범죄 현장이다. 더 결정적인 것은 강화도 앞 한강 하구는 중립지역으로 비무장시내도 북방한계선도 아니라는 점이다. 이곳을 과대하게 전쟁 기지화한 것은 또 누구란 말인가? 강화도에서 그 모든 인간의 적대 행위와 전쟁의 긴장감을 평화로 전환하는 것은 통일에 앞서 매우 중요한 일이다. 바로 돈대를 과거의 유산으로 되돌리는 것이다. 전쟁처럼 낡은 것은 미래의 교훈으로만 남기는 것이다. 시간이 오래 걸려도 준비해 볼 만한 일이다. 돈대는 세계문화유산으로 그 탁월한 보편적 가치의 빛을 잃지 않을 것이다.

장곶돈대의 출입구. 돈대 주변은 잘 정리되어 있으며 산을 등지고 있다. 돈대는 바다로 길 게 돌출된 지형에 설치되어 있다.

장곶돈대의 내부. 돈대 내부는 원형으로 둘레는 128미터이다. 1993년 보수가 이루어졌으며, 여장은 남아 있지 않지만 다른 나머지 시설들의 상태는 양호하다.

북일곶돈대의 매우 정교한 외벽. 여장은 모두 사라졌다. 돈대의 서쪽은 해안선과 거의 접한 급경사를 이루고 있으며, 좌우측 역시 급경사를 이루고 있으나 지형은 조금 넓은 편이다. 돈대 내부는 장방형으로 둘레는 122미터이다.

북일곶돈대에서 바라본 강화도의 갯벌. 돈대는 뒤쪽에서 내려온 산능선이 해안선과 만나
는 높은 곳에 자리해 서쪽을 향하고 있다.

변경과 돈대의 역사

|

강화도에는 오두돈대, 화도돈대와 외성이 함께 있었다
역사는 시간이 흘러가면서 만드는 것일까?
돈대의 역사는 지금 만들어진 것이다

강화도에는 국가 사적이 꽤 많지만 의외로 숨어 있는 사적도 있다. 강화도의 16번째 사적 강화 전성이 그것이다. 그런데 강화도를 좀 안다고 하는 사람들도 "이런 벽돌로 만든 성이 있었나?" 할 것이다. 당연하다. 관광지도 아니고 어디 있는지도 알 수 없는 곳에 숨어 있기 때문이다. 사적이라면 '역사적·학술적·관상적·예술적 가치가 큰 것으로서 국가가 법으로 지정한 문화재'를 말한다. 그런데 숨어 있는 사적이라니? 강화도는 고려 대몽항쟁기에 내성-중성-외성을 쌓아 방어시설을 구축했다. 하지만 몽골과 강화조약을 맺으면서 이 성들은 원나라의 강압으로 파괴되었다. 조선시대 이 성들은 다시 수리되었지만 병자호란으로 또다시 파괴되어 이를 숙종 때 돈대 건설과 함께 일부 복구했다. 원래 외성은 북쪽의 승천포에서 남쪽 초지진까지 24킬로미터의 장대한 토성이었다. 이 토성은 후대에 간척지를 만드는 토대가 되기도 했다. 이번에 찾아볼 오두돈대와 화도돈대가 그런 곳이다. 원래 돈대가 있던 지역은 작은 섬이었지만 간척으로 본섬의 일부가 되었다.

강화도는 성으로 만든 요새

먼저 오두리로 향했다. 강화도에서도 너무 평범한 곳이라 찾는 이도 별로 없는 고요한 농촌 마을이다. 오두리에서 그나마 특별한 것은 제주 고씨들이 모여 산다는 정도이다. 제주 고씨이자 강화도 문인이었던 고재형은 〈오두동鰲頭洞〉이란 시를 지었다.

꽃나무로 동산 이룬 오두리마을에서는,　　　　　　一村花樹列成庄

글 읽기와 농사일로 세월을 보내네.　　　　　　　於讀於耕日月長

그중에서 소중한 일은 과거에 급제한 일이니,　　最愛此中丹桂籍

나라 은혜 길이 이어 큰 빛을 발하리.　　　　　　永承雨露放餘光

그는 격변의 강화도에서 농사를 짓고 글을 읽으며 참으로 한가롭게 지낸 듯하다. 그때나 지금이나 오두리가 조용한 것은 마찬가지였다. 오두돈대는 해안도로를 타고 남쪽으로 가다보면 우측 봉우리 정상에 위치해 있다. 돌로 만든 계단을 따라 올라가면 화강암으로 만든 하얀 돈대가 나타난다. 1999년 복원을 해서 아직도 그 표면이 하얗다. 아래 기단부 정도만이 원래 돈대의 면석들이다. 문으로 들어가면 원형의 공간이 펼쳐지고 회곽로를 따라 여장도 완비되어 있다. 포좌도 무너진 곳 없이 완벽하다. 지금의 모습이 원래 모습인지는 알 수 없지만 이 완벽한 복원으로 인천문화재자료 17호가 되었다. 회곽로에 서서 여장 너머를 바라보았다. 염하 건너의 김포가 한눈에 들어왔다. 그런데 바로 이 자리 아래에 국가 사적인 강화 외성이 있다는 것이다.

강화도 연구에 오랜 시간을 바친 사학자 이형구 박사가 이 외성의 발견과 사적 지정에 꽤 많은 공헌을 했다. 그는 2001년 4월 강화군 길상면 초지리 들판을 가로질러 난 제방도로를 자전거도로로 만드는 공사 현장에서 성곽으로 판단되는 석축 구조물을 발견했다. 긴급히 지표조사를 실시했고 자전거도로 개설 구간에서 벽돌로 쌓은 전축 부분을 확인했다. 그해 12월에는 불은면 오두리 강화 외성 구간의 강화 전성을 실측 조사했다. 그 결과 강화대교 북쪽지역인 강화읍 용정리 '강화군 위생처리장' 생활폐기물 소각 처리시설 부근과 선원면 지산리 강화 외성 만월포언에서도 벽돌을 잇달아 발견했다. 강화읍 갑곶리 갑곶나루 부근의 강화 외성 일부를 조사하면서 전축성博築城의 잔존 부분을 발견하기도 했다.[74] 2001년 이형구 박사의 동양고고학연구소에서 실시한 오두돈대 주변의 전축성 구간에 대한 지표조사 결과에 의하면 갯벌층을 기초로 머릿돌을 올린 뒤 그 위에 대형 석재로 석벽의 중심을 삼고 그 위에 또 머릿돌을 올린 다음 다시 전돌을 여러 단 쌓았음을 확인할 수 있다.

국가 사적인 강화 전성을 발견하다

오두돈대에서 나와 언덕을 돌아 해변에 도착하니 외성이 보였다. 벽돌로 만든 전성의 일부이다. 외성의 길이가 24킬로미터였다고 하지만 지금 남아 있는 외성, 그중에서도 전성은 단 270미터에 불과하다. 여기저기 허물어졌고 나무의 뿌리가 깊이 내려 성을 파괴하고 있었다. 너무 초라해서 이곳이 정말 사적으로 가치가 있나 의심이 들 정도였다. 하지만 이 일부 구간의 흔적이 가진 의미는 예상보다 컸다. 내가 지금 보고 있는 전성은 영조 때 강화유수 김시혁의 건의에 의해 토성인 외성을 석축과 벽돌을 이용해 다시 쌓은 것이다. 김시혁은 중국 북경에서 벽돌 굽는 법을 배워와 강화 외성을 수축할 것을 조정에 수차례 건의했다고 한다. 마침내 임금의 윤허를 받은 그는 배운 방법대로 벽돌을 구워 강화 외성을 쌓았다. 이어 우의정 조현명趙顯命이 "벽돌 굽는 방법을 중국에서 배워왔기 때문에 일은 반만 해도 공은 배나 되어 그 이익이 무궁합니다. 앞으로 각 군문軍門과 와서瓦署로 하여금 그 법에 따라 구워 만들게 하소서"라고 하니 임금이 그대로 따랐다고 한다.[75] 강화 외성은 이때 중국에서 경험하고 배운 기법으로 축조되었는데 수원 화성은 이보다 52년 이후인 1796년(정조 20)에 전성으로 쌓았다. 그러므로 강화 외성이야말로 수원 화성보다 52년이 빠른 전축성인 것이다. 그러니 어찌 그 가치가 작다고 할 수 있겠나.

외성을 따라 북쪽으로 조금만 가면 화도돈대가 나온다. 이름처럼 이곳도 전에는 섬이었다. 화도는 숙종의 아버지인 현종 때 대청언 공사로 간척되어 본섬에 포함되었다. 지금은 어디를 보아도 섬이었다는 사실을 알아챌 수 없다. 이곳에 돈대가 건설되고 특별한 역할을 한 것은 삼동암천을 따라 혈구산까지 배가 오갈 수 있었기 때문이다. 화도돈대는 위치적으로 대청포구라는 전략적 시설의 보호 역할이 컸다. 돈대는 운반선의 수송 지원과 후방 지원까지 담당한 셈이다. 대청포구를 통해 혈구산 밑까지 들어간 배는 지금의 불은면 삼성리 '돌성'마을(삼성1리)까지 들어갈 수 있었고, 지금도 그 동네에는 '돌성서수지'가 있다. 이곳을 '매재미'라고도 하는데 돌을 쪼는 사람들이 모여 산다고 해서 붙여진 이름이다.

하지만 화도돈대는 이처럼 중요한 역할을 수행한 것에 비해 제대로 대접을 받지 못한 듯싶다. 회도돈대는 얼마 진까지 과수원이었다. 방형이라는 것 외에는 원형 추정이 불가능할 지경으로 남쪽에는 저수지도 만들고 주변은 온통 경작지였다. 2002년 육군박물관이 발굴 조사를 했을 때 수습한 면석들을 모아 대충 방형으로 터를 조성했다. 문과 포좌가 있던 자리 역시 알 길이 없다. 그래서 지금 화도돈대에 올라보면 넓은 사각형의 무대를 보는 듯하다. 전에 터 안쪽에 있던 과수원의 나무들은 모두 뽑았지만 터 밖으로 큰 감나무가 서 있다. 지금까지 본 돈대 중에서 가장 미니멀하다고 할까? 새로 복원하지 말고 이대로 두는 것도 좋을 것 같다는 생각이 들었다. 주변은 점점 어두워지고 이왕이면 이곳에서 밤을 새워보는 것도 좋지 않을까.

별빛 아래 빛나는 돈대의 터에 매료되다

한밤중에 돈대 터에 누워 하늘을 보면 불빛에 가려 보이지 않던 도심과 달리 수많은 별자리들이 눈에 들어온다. 그리스의 프톨레마이오스는 그리스신화를 바탕으로 오리온자리, 카시오페이아자리 등

48개의 별자리를 정했다. 그런데 조선에서는 〈천상열차분야지도〉에서 구역을 293개로 더 세분화해 표기했다. 별자리당 항성 3개 정도로 묶었다. 그중에 여름철에 잘 보이는 별이 견우성이다. 중국에서 전해진 '견우와 직녀' 설화와 관련된 바로 그 별이다. 이 별은 서구의 염소자리 β별인 다비흐Dabih와 같은 것이며, 염소의 눈에 해당한다. 염소자리 성군 중에서 두번째로 밝다. 하지만 많은 기록들이 독수리자리 알타이르Altair를 지목하는데 이는 염소자리 근처에서 더 밝게 빛나 요즘 같은 빛의 공해에서도 더욱 잘 보이기 때문이다. 그래서 견우성을 알타이르라고 하기도 하지만 기록을 엄밀히 대조해보면 다비흐가 맞다. 수백 년 전 대기가 맑았을 때 두 별의 광도 차이는 우리 눈에 별로 차이가 나지 않았다.

이 견우성은 지구로부터 약 328광년 떨어져 있다. 이 말은 견우성의 빛이 돈대가 건설되던 해에 출발해 328광년을 날아와 지금 내가 보고 있다는 것이다. 지금 내가 보고 있는 견우성은 '지금'의 견우성이 아니다. 그래서 나는 328년 전의 견우성을 보는 동시에 지금의 돈대를 보고 있는 것이다. 그렇다면 도대체 지금이란 무엇인가? 이러한 물음에 답을 한 일반상대성이론은 우리에게 시간이란 무엇이고, 역사란 무엇인가에 대한 심오한 성찰을 하게 한다. 이 이론에 따르면 우주 전체에는 공통의 지금은 존재하지 않는다. 세상의 모든 사건들이 과거-현재-미래로 진행되는 것이 아니라 아주 부분적으로만 순서가 있다는 것이다. 우리 주변에는 현재라는 것이 있지만 저멀리 견우성의 그것은 지금이 아니다. 지금은 세계적인 것이 아니라 지역적인 것이다.

인간이 지금의 인간다운 모습으로 진화한 것은 200만 년 전이다. 그들 호모에렉투스는 인간의 외모를 가졌고 인간처럼 타인을 의식했고 공동체를 통해 지식을 전수하기 시작했다. 스페인의 아타푸에르카에서 발견된 50만 년 전의 하이델베르크인은 그들의 공동묘지에 분홍색 주먹도끼를 함께 매장했다. 최초의 상징물인 이 도끼에 사람들은 '엑스칼리버'란 이름을 선사했다. 그리고 인도네시아 술라웨시섬에서 4만 4000년 전의 동굴벽화가 발견되었는데, 이것은 인류 최고最古의 벽화로 알려진 독일에서 발견된 반인반수 그림까지 포함해 가장 오래된 구상화具象畵이기도 하다. 우리는 이 추상이라는 힘으로 문자를 만들고 드디어 역사를 기록하기 시작했다. 인간은 과거를 기억하고 그 기억을 통해 과거를 재구성했다. 인간이 시간의 흐름을 인지하는 것은 바로 인간 그 자체에 내장된 생체시계와 의식을 활용하기 때문이다. 매일 반복되고 매년 반복되는 자연의 시계와 달리 인간은 태어나고 죽는 한방향의 흐름을 시간의 '심리적 화살'로 간주했다. 이는 한 세대를 구성하고 수많은 세대가 거듭되면서 자연스레 가계의 역사를 구술하고 문자로 기록하게 된다. 할머니의 할머니의 할머니라는 그런 가족의 역사 말이다.

견우성을 보다가 문득 '지금'을 고민하다

사실 인류는 최근까지만 해도 시간은 불변이며 절대적인 존재라고 여겨왔다. 또한 시간은 한방향으로만 비가역적으로 흐르며 오지 않은 미래는 알 수 없다. 그래서 시간을 날아가는 화살에 비유했다. 역사는 그렇게 성립되었고 기술되었으며 남아 있는 기록과 기억이라는 정보에 의지했다. 과학적으로 설명할 수 없었기에 우리는 주변의 자연과 자기 자신의 마음을 들여다보았다. 현재는 매우 생생하지만 과거는 희미하고 미래는 도통 알 수 없다. 이는 분명하게도 만물은 낡고 사라져가는 동시에 그 방향으로 시간도 흐르고 있다고 확신했다. 절대적인 시간의 배경 위에 정확한 시각만 알면 인간의 역사는 기술될 수 있었던 것이다.

호기심 많았던 서구의 근대 지식인들은 인간의 역사를 자연의 역사로 확대하기 시작했다. 성경의 말씀처럼 지구의 역사가 6000년쯤 되었다는 도그마(교리)에 반기를 든 것이다. 오래된 지층을 보니 지구의 역사는 끝없이 늘어나기 시작했다. 5000만 년에서 1억 년으로, 다시 20억 년에서 45억 년까지 확대되었다. 눈을 들어 하늘을 보니 우주의 나이 역시 138억 년으로 신의 천지창조보다 2만 3000배나 오래되었다. 우리의 시간은 매우 오래되었으며 한방향으로 흘러가는 것이 분명했다. 이런 문제는 100년 전 오스트리아의 이론 물리학자 루트비히 볼츠만Ludwig Boltzmann이 정리한 열역학이라는 증기 연구를 통해 어느 정도 해결되는 듯했다. 즉 물이 수증기로 변해 이리저리 팽창하는 것처럼 만물이 무질서해지는 척도를 통해 시간의 흐름도 만들어진다는 것이다. 열은 뜨거운 것에서 차가운 것으로 이동하며 그 역은 성립하지 않는다는 것이 열역학 제2법칙이며 이것을 '엔트로피'라고 한다. 우리는 녹아내리는 얼음이 저절로 원래 모습으로 어는 현상을 본 일이 없기에 엔트로피는 매우 자연스럽게 시간의 흐름처럼 인과관계를 도출한다. 따뜻한 실내 공기로 얼음이 녹아서

물이 된다는 원인과 결과처럼 말이다.

역사 기술이 이런 인과관계를 추적하는 것은 매우 자연스러운 인식의 산물임을 과학이 증명한 것 같았다. 엔트로피의 증가는 우리의 과거와 미래를 구분한다. 또한 과거에 대한 흔적과 잔존물 그리고 기억이 존재하게 한다. 인간은 과거의 흔적들에 대한 기억으로 뭉쳐져 있는 역사의 산물인 것이다. 그래서 우리는 세상에 존재하는 수많은 시간들이 아닌 우리가 경험한 균등하고 범세계적이며 순서가 있는 시간, 이 단일한 시간에 대해서만 이야기할 수 있다. 이 시간은 엔트로피의 성장에 의존해 시간의 흐름에 정착한 우리 인간이 인간으로서의 특별한 관점에서 기술한 세상에 대한 근사치의 근사치의 근사치이다.[76]

하지만 아인슈타인의 시간은 상대성이론에 의해 흐른다는 것이 착각으로 규정된다. 이는 시간이 독립적으로 존재하는 것이 아니라 공간과 결합해서 시공간을 형성한다는 그의 이론에서 출발한다. 특히 운동하는 모든 것은 서로 다른 시간을 가지고 있으며 중력마저 시간을 상대적으로 흐르게 한다. 빠르게 운동할수록 시간은 더디 흐르며 중력이 강할수록 시간은 천천히 흐른다. 이런 현상은 우리 우주가 중력장에 의해 만들어진 시공간으로 일체화된 블록이라고 할 때 과거, 현재, 미래는 모두 동시에 존재한다는 것이다. 즉 지금이라는 것은 어디에서는 과거일 수도 있고 미래일 수도 있다. 절대적인 지금이 존재할 수 없기에 모든 것은 상대적이며, 시간은 흐르지 않는 얼어버린 강과 같은 것이다.

어디서나 동일한 지금이란 시간은 없다

상대성이론처럼 양자역학의 시간도 흐르지 않는다. 미시적인 양자의 세계는 시간의 전후가 없고 그것을 증명하는 수식에는 시간의 정방향과 역방향이 완전히 동일하다. 게다가 모든 양자의 흐름은 불연속적이라 매끄러운 시간의 흐름 따위는 존재하지 않으며 오직 현재만이 유일한 실체라는 것이다. 하지만 양자역학에도 시간이 흐른다는 착각이 존재하는데 이는 관측 때문이다. '슈뢰딩거의 고양이'처럼 관측하지 않았을 때는 죽은 것과 산 것이 동시에 존재하지만 관측 후에는 살았거나 죽은 것으로 확인된다. 이 방향이 바로 시간의 흐름처럼 보인다는 것이다. 관측되기 전이 과거이며 관측된 것이 지금이다. 따라서 세상은 아인슈타인의 중력장(양자장)이 불확정성의 원리에 지배를 받고, 관측되기 전과 관측된 후가 원인과 결과로 인식되어 시간이 흐르고 있다는 환영을 만들어내는 것이다. 시간이라는 것이 물리학에서 이야기하는 것처럼 흐르는 것이 아니라면 '역사 기술'이란 오직 지금 존재하는 (과거로부터 왔다는) 정보를 가지고 일단의 목적을 위해 편집하고 가공하는 행위인 것이다.

역사철학자 헤이든 화이트Hayden White는 『메타 역사』에서 "역사는 이야기이고, 모든 이야기는 픽션"이라고 주장했다. 그는 레오폴트 폰 랑케Leopold von Ranke의 절대적이고 실증적인 미련을 과격하게 부정하며 '진짜 역사'라는 역사의 허구적 강박을 덜고 역사적 상상력의 지평을 확장했다. 화이트는 역사도 언어로서 시대와 사건의 상을 전달하는 "서술적 담론 형식의 언어구조"를 띠고 있는 만큼 형식상 "본질적으로 수사적이고 시적"이라고 주장했다. 그는 역사가도 자신의 의도와 무관하게 역사적 사실 외에 전하고자 하는 메시지와 이데올로기(무정부주의, 보수주의, 급진주의, 자유주의)가 있으며, 잘 짜인 서사로 독자를 그 결론으로 이끈다고 했다. 그는 효과를 극대화하기 위한 '장식적 형상화', 즉 예시적 전략으로서의 수사(은유, 환유, 제유, 아이러니)와 배치의 플롯 및 장르(로맨스, 희극, 비극, 풍자)를 역사의 심층 패러다임이자 메타적 하부구조로 보았다. 결론적으로 화이트는 "과거의 사건은 단지 '과거'로 주어진 것이지, '역사적으로' 주어진 것이 아니다"라고 이야기했다.[77]

화이트가 이야기하는 과거마저도 현재 존재하는 정보로 규정한다면 나의 생각과 완전히 일치한다. 나는 목격하지 않은 과거를 본 적이 없다. 또한 내가 본 과거는 오직 내 두뇌 속의 정보로만 존재한다. 하물며 돈대의 탄생은 본 적도 없고 더더욱 볼 수도 없었다. 내가 가진 것은 현재 존재하는 수많은 문헌자료와 최근 수집한 현장 정보, 직접 찍은 사진뿐이다. 게다가 돈대는 정보 이상의 역사로 구성된 적이 없다. 따라서 돈대에 대한 수많은 정보는 불연속적이며 불확정적이다. 나는 이런 돈대의 정보를 진보라는 이데올로기를 선택하고 아이러니한 수사를 통해 비극적 장르로 기술했다. 이것이 내가 만들어낸 '돈대의 역사'이다.

역사는 이야기이고, 모든 이야기는 픽션

시간은 형체도 냄새도 그 어떤 느낌도 없다. 우리는 과거로 가볼 수 있는 방법이 없다. 과거가 어떠했는지를 알아낼 수 있는 것도 사실은 지질학, 화석, 유물, 문서들의 현재 모습을 통해 이야기를 만드는 것일 뿐이다. 그래도 인류는 언제나 변화하고 사라진 것을 추억하며, 역사라는 것을 기술하는 방법을 발명했다. 시간은 비가역적이다. 또한 우리는 결코 미래를 기술할 수 없고 기억할 수도 없다. 사실 우리가 시간에 대해 모호한 태도를 취하는 것은 인과론 때문이다. 원인이 있어야 결과도 있다는 것이 우리의 직관이다. 미래는 예측 가능할 뿐 완전히 알 수는 없다. 예를 들면 '빅뱅 이론'은 무에서 발생한 점 하나가 폭발해 물질이 생겨나고 비로소 시간도 시작되었으며, 먼 훗날 물질이 소멸할 때 더이상 시간은 무의미해진다는 인과론을 따른다. 하지만 빅뱅 전에도 시간은 있었고, 우주가 소멸한 후에도 다시 시작되는 무엇인가가 있다면 원인과 결과는 맴을 돌고, 결국 존재의 목적만이 의미 있을 뿐이다.

예를 들어보자. 우주의 한계속도라고 하는 빛은 최단 거리로 이동한다. 직진이다. 하지만 투명한 물과 같은 물체를 만나면 굴절을 한다. 이때 빛은 최단 시간으로 이동한다. 빛은 비슷한 렌즈를 통과하면서도 언제나 최단 시간으로 필름 면에 도착한다. 내가 찍은 사진은 그렇게 카메라 안에서 최단 시간에 새겨진다. 이는 원인과 결과라는 인과론에 배치되는 것처럼 보이는데, 이미 빛은 어디로 가야 최단 시간에 도착할 수 있을지를 모두 설계하고 출발한 듯 행동하기 때문이다. 빛에게는 출발점과 동시에 도착점이 정해져 있는 것이다. 피에르 드 페르마Pierre de Fermat는 빛의 이러한 성질을 '최단 시간의 원리'라는 이름으로 증명했다. 인과론이 아니라 목적론이 자연계를 지배한다면 우리의 역사란 무엇일까? 중심과 변경, 지배와 복종,

권력과 배제는 원인과 결과라는 인과론이 아닌 목적에 의해 이미 정해진 것은 아닐까? 어쩌면 우리는 이미 완성된 역사책 한 페이지에만 머물고 있는 것인지도 모른다. 17세기 조선의 숙종에 의해 돈대가 축조되고 있었다. 나는 강화도 변경에 세워진 돈대를 보며 인간의 인과론적인 역사를 의심해보았다.

300년간 동아시아 변경에 서 있던 돈대

강화도에 돈대가 세워진 것은 숙종 5년인 1679년이다. 그해 숙종은 관병과 승려 1만 5000명을 동원해 48개의 돈대를 80일 만에 축성했다. 숙종의 조부는 북벌을 논했던 효종이고, 중조부는 병자호란의 치욕을 당했던 인조이다. 하지만 숙종은 왜 청나라가 대륙을 장악한 지도 수십 년이 지나 조선의 변경인 강화도를 철통같은 요새로 만들었던 것일까? 그것에 대한 자세한 내막은 그 누구도 알지 못한다. 청나라에 밀려난 대만의 정경이 계속 구국운동을 하는 사이 조정은 그들과 밀통을 했던 것일까? 중요한 것은 병자호란 이후 강화도는 더이상 왕이 도망칠 수 있는 변경이 아니었다는 점이다. 그래서 이 시기가 조선 근대의 시작이 아닐까 하는 생각이 든다. 가치관이 변하고 정세가 변했다. 근대적 민족국가가 영토의 확정을 수반한다면 이때부터 조선은 북쪽 변경으로는 청나라와 백두산정계비를 세워 영토를 다투었고(1712), 동쪽으로는 일본과 변경의 섬 울릉도와 독도를 두고 다투었다는 점이다(1699). 물론 이는 동아시아를 세계의 전부라고 생각한 조선 사람들만의 근대였다. 또다른 서양의 근대가 있었으니 그 근대는 이로부터 150년 후 먼 바다로부터 찾아왔다.

조선의 바다에 이양선들이 출몰하기 시작했다. 이들은 조선인들이 알고 있던 세계와는 다른 곳의 오랑캐들이었다. 이들에게는 기계를 작동시키고 등불을 켜는 데 막대한 기름이 필요했는데 그것을 바다에서 찾았다. 바로 고래이다. 그 고래를 찾아 서양의 포경선들은 대서양과 태평양을 누볐다. 조선의 동해는 고래의 서식지로 그들이 이곳을 놓칠 리 없었다. 그래서 두 세계는 곧 만나게 되었다. 하지만 그들은 동시대를 살았으나 다른 시간대를 살았다. 서양의 시계는 지나치게 빠르게 흘렀고, 조선의 시계는 느리게 흘렀다. 근대는 상대적이었다.

프랑스는 제주도와 울릉도를 탐사한 뒤 자기들 멋대로 켈파트Quelpart와 다즐레Dagelet라는 이름까지 붙였다. 1839년 천주교인들을 박해한 기해사옥이 일어나자 중국에 있던 프랑스 아시아 함대는 징벌적 원정을 기획했지만 취소했다. 그 이후로도 꾸준히 접촉을 시도했지만 1866년 병인박해를 기회로 전면적인 침략을 하기에 이르렀다. 40일간 강화도를 점령하고 약탈과 방화를 일삼던 병인양요가 그것이다. 그들은 갑곶돈대가 있던 자리부터 강화도를 점령하기 시작했고, 한강하구를 막아 한양에서 기근을 일으키고 폭동이 일어날 정도로 영향력을 미쳤다. 근대 서구는 54개 돈대로 철통같은 방어 진지를 구축했다고 생각했던 조선을 소수의 군대와 최신식 무기로 무력화시켰다. 첫 서양세력과의 만남도 비극적이었는데 돈대의 진정한 비극은 1871년 미국과의 만남이었다.

미국은 로저스 제독이 이끄는 1400명의 병력과 남북전쟁으로 강화된 최신에 무기로 구성된 5척의 군함으로 강화도에 침략해왔다. 그들은 무혈로 초지돈대를 접수했고 이어 덕진돈대로 입성했다. 조선군은 광성진 파수 진무중군 어재연과 1000명의 군사, 평안도 출신 호랑이 사냥꾼 수백 명과 함께 용두돈대에 집결했다. 천혜의 요새에서 공격했지만 미국의 압도적인 화력에 미국군 사망자 3명, 조선군 사망자 243명이라는 완패를 당하고 말았다. 그리고 1875년 일본의 운요호가 초지진에 나타나 군민 살상과 약탈을 자행함으로써 돈대의 역할은 역사 속으로 사라졌다. 더이상 그곳을 지킬 군사도 사령관도 남아 있지 않았다. 역사도 이제 절대적인 것이 아니라 상대적이어야 했다. 변경이라 생각했던 곳은 중심이었고, 중심이라 생각했던 곳은 변경이었다. 각자의 근대는 변경에서 부딪히고, 하나의 근대가 다른 하나의 근대를 상쇄했다.

근대는 상대적이었다

한국의 현대사는 어둡고 고통스럽다. 20세기가 막 시작되던 무렵 조선은 반동적인 대한제국에서 종국에는 일본 제국주의의 식민지가 되었다. 조선의 백성들은 천황과 일본국의 국민이 되었다. 제국은 식민지 국민에게 끝없는 충성을 요구했고, 조선의 민중들은 자발적으로 황국의 신민이 된 자들 틈에서 이중의 고통을 감내해야 했다. 제2차세계대전이 종전된 후 일본은 물러갔지만 동아시아에 대한 세계적인 관심은 결국 내전과 국제전이 혼합된 한국전쟁을 일으

컸다. 전쟁과 분단은 한반도 민중들에게는 암흑이었다. 그리고 짧은 공화국을 거쳐 군인들의 독재가 시작되었다. 전국에 '잘 살아보세'라는 구호가 제창되었고, 외침에 맞선 위대한 한민족이라며 노래를 불렀다. 전국은 호국의 상징들로 넘쳐났다. 한국전쟁에서 멀리 고대 삼국의 전쟁까지 소환되었다. 적들은 도처에 깔려 있었다. 북한 공산당, 일본, 여진, 몽골, 거란, 당나라……. 그리고 미국까지. 신미양요의 현장이었던 광성보, 덕진진, 초지진은 항미의 호국 성지가 되었다.

우리는 '자연의 물질세계와 인간의 역사가 다를 것이다'라는 믿음을 가지고 있다. 인간은 물질과 분리된 의식을 신봉하기 때문이다. 또한 자유의지와도 관계가 있다. 의식과 의지는 대부분 직관적이라고 이해할 수 없는 것은 이해 가능하게 수정하려고 한다. 여기에는 편집과 왜곡이 동반된다. 권력, 자본, 계급은 이해하기 쉬운 제도화를 통해 자연스러운 것이 된다. 매끄럽고 직관적인 역사인 것이다. 하지만 매끄러운 듯해 보이지만 사실 불연속적이다. 역사도 파동이자 입자이다.

역사는 관찰자에 따라 다르게 기록된다. 어느 한쪽이 틀렸다거나 잘못되었다는 것이 아니라 역사는 모든 것 중에 하나의 모습만을 우리에게 내보일 뿐이라는 것이다. 역사를 자세히 들여다보면 모든 것이 들끓고 뒤죽박죽인 카푸치노 거품과 같은 세상이다. 그래서 나는 강화도 돈대의 대리석처럼 매끈하게 잘린 화강암의 단면 속에서 거칠고 불연속적인 결을 발견하고 싶었는지도 모른다. 그리고 강화도 최남단의 분오리돈대를 맹렬히 떠도는 바람결에, 최북단 불암돈대의 고요한 적막 속에 그 실마리가 있을 것이라고 믿으며 54개의 모든 돈대들을 찾아 헤맸다. 300년 전 조선의 어느 절집에서 징발당해 강제 노역에 처해졌을 승려의 손으로 만들어진 이 돌덩어리가 자연의 풍화뿐 아니라 변경의 오욕을 모두 목격했을 것이라고 생각했기 때문이다. 그 결과 나는 역사가 인과보다는 '목적'을 가지고 있으며, 절대보다는 '상대'적이고 실제와 환영에서 '상보'적인 결과를 보여준다고 믿는다.[78]

캄캄한 화도돈대에서 염하를 내려다보았다. 오래전 이곳에서 외로이 불침번을 섰을 병사가 되어보았다. 돈대 앞의 울창한 숲 사이로 본 '변경의 역사'는 그저 저 바다 너머로 소멸하는 모든 것들의 끝자락처럼 아른거렸다. 하지만 죽어간 모든 것들과 태어날 모든 것들이 이미 이 시공간에 나와 함께 있었다.

오두돈대의 모습. 돈대는 해안도로 우측 봉우리 정상에 위치해 있다. 내부는 평탄하며 전면은 단애로 형성되어 있다.

오두돈대 포문에서 바라본 염하와 김포. 오두돈대에서 용당돈대, 화도돈대, 좌강돈대는 현재 강화군청에서 부분 보수하거나 완전 복원을 마친 상태이다. 이 돈대의 하단에는 조선 후기의 전성이 약 270미터 남아 있다.

강화 전성은 조선 영조 때 강화유수 김시혁이 벽돌로 쌓은 성으로, 고려가 몽골의 침입에
대항해 개경에서 강화도로 천도한 강도江都 시기(1232~1270)에 조성된 토성 위에 쌓았다. 현
재 강화 외성의 일부 구간에 해당된다.

최근에 남아 있는 면석들로 복원된 화도돈대. 돈대 주위로 외성이 축조되어 있었다. 석벽
터에 의해 방형으로 추정되는 이 돈대의 서쪽에는 새로이 쌓은 이질적인 석축이 있는데, 원
래의 돈대와는 무관한 것으로 보인다. 돈대지 남서쪽에는 화도수문개축비가 있는데 과거
에는 이 수문을 통해 큰 배가 드나들 수 있었다고 한다.

화도돈대에서 바라본 염하. 화도돈대는 중영우부좌사의 후방 초소 및 우사의 전방 초소 역할을 담당했다. 동서 32미터, 남북 32미터의 돈대였다.

화도돈대에서 바라본 밤하늘. 오른쪽 상단이 다비흐라 불리는 견우성이다. 지구로부터
328광년 떨어져 있다.

주

1부 돈대 탄생의 배경

1   정병철, 「明末 遼東 沿海 일대의 海上勢力」, 2005.

2   한명기, 『임진왜란과 한중관계』, 역사비평사, 1999.

3   서동윤, 「1637년 椵島정벌을 둘러싼 기억의 전승과 조선중화주의」, 2014.

4   나만갑, 『병자록』, 명문당, 1987.

5   서동윤, 앞의 책.

6   나무위키.

7   이강근, 「조선후기 강화 지역 축성역에 대한 연구-숙종대를 중심으로」, 2013.

8   『선조실록』

9   『인조실록』.

10   『인조실록』.

11   『강도몽유록江都夢遊錄』.

12   『강도몽유록』.

13   안명진, 「17세기 북벌정책의 전개와 정치적 의미에 관한 연구」, 2002.

14   『송자대전宋子大全』 제5권 「기축봉사己丑封事」.

15   안명진, 앞의 책.

16   『숙종실록』.

17 『숙종실록』.

18 『숙종실록』.

19 『영조실록』.

20 홍성구, 「朝鮮王朝實錄에 비친 17세기 내륙아시아 정세와 '寧古塔回歸說'」, 2010.

21 『숙종실록』.

22 『추안급국안推案及鞫案』 9, 임술 노계신 추안.

23 『화이변태華夷變態』, 1675.

24 정우수, 「정성공 일가에 대한 조선 조야의 인식, 정경을 중심으로」, 2016.

25 이지훈, 「대륙 반격을 꿈꾼 바다의 왕자 그는 어떻게 정감록과 닮아 있나」, 2008.

26 조명곤, 「"삼번의 난" 시기의 조선 사신에게 비친 한중 관계-〈연행록〉을 중심으로」,
    2013.

27 『숙종실록』.

28 『숙종실록』.

29 『비변사등록備邊司謄錄』.

30 『현종개수실록顯宗改修實錄』

31 『숙종실록』

2부 돈대의 출현

32 국사편찬위원회, 『신편한국사』.

33 『선원록』은 조선시대의 왕실 족보로 국가에서 관리하는 왕의 친인척에 관한 인적사항
    을 기록한 책이다.

34 이덕일, "백호 윤휴", 〈한겨레21〉, 2006.

35 『숙종실록』.

36 『숙종실록』.

37 『숙종실록』.

38 이덕일, "오직 왕권을 위해 남인, 북벌론 버렸다", 〈중앙일보〉, 2009.

39 박세연, 「17세기~18세기 전반 僧軍의 확대와 調發방식의 변화」, 2013.

40 오영교, 「朝鮮後期 鄕村支配政策 硏究」, 1992.

41 박세연, 앞의 책.

42 『숙종실록』.

43 『인조실록』.

44 최은영, 「조선후기 江華 鎭撫營 개편과 首都防禦策」, 2007.

45 『숙종실록』.

3부 돈대의 수난

46 한종수, 「朝鮮後期 肅宗代 關王廟 致祭의 性格」, 2003.

47 허균, 『성소복부고』 권16, '칙건현령관왕묘비'.

48 신선아, 「고종대 關羽信仰의 변화」, 2014.

49 『고종실록』.

50 성우제, "한국 가톨릭, 병인양요 첨병 노릇 참회", 〈시사저널〉, 1997.

51 동북아역사재단, 『근대한국외교문서: 제너럴셔먼호 사건·병인양요』, 2009.

52 강준만, 『한국 근대사 산책 1 - 천주교 박해에서 갑신정변까지』, 인물과사상사, 2007.

53 강준만, 앞의 책.

54 이상훈, "조선시대 병사들은 무얼 먹고 싸웠을까?", 〈아시아경제〉, 2018.

55 김영복, '조선시대 군인 생활상', 2017.
    (https://m.blog.naver.com/blisskim47/220965765498)

56 『고종실록』.

57 『고종실록』.

58 『고종실록』.

59 조재곤, 「병인양요와 한성근」, 2003.

60 박종인, "박종인의 땅의 歷史-'장엄하였으되 처참하게 희생된 애국자들'", 〈조선일보〉,
    2019.

61 홍현성, "조선의 잡史-호랑이 가죽 원산서만 한 해 500장 거래", 〈동아일보〉, 2017.

62 요시다 쇼인吉田松陰, 『유수록幽囚錄』, 1854.

63 "1875년 일본 군함 운양호, 강화도에서 무력행사", 〈시니어오늘〉, 2018.

64 아손 그렙스트, 김상열 옮김, 『스웨덴 기자 아손, 100년 전 한국을 걷다』, 책과함께,
    2005.

65 금정굴인권평화재단, 〈강화지역사건종합〉 2013.

66 진실화해위원회, "강화지역 민간인 희생사건", 2008.

67 "제2거창사건 강화특공대 이송", 〈경향신문〉, 1952. 1. 8.

68 이소라, 「박정희 정부의 민족문화사업과 국사교육」, 2013.

69 최광승, 「박정희의 경주고도慶州古都 개발사업」, 『정신문화연구』, 2012.

70 이소라, 앞의 책.

71 현상규, 「세계유산의 탁월한 보편적 가치 발굴을 위한 해안경관 특성에 관한 연구: 월 곶·갑곶·오두·초지 돈대를 중심으로」, 2016.

72 현상규, 앞의 논문.

73 최은지, "17~19세기 강화돈대 시설 A등급 '전무'…보수는 언제", 〈연합뉴스〉, 2017.

74 이형구, "강화外城, 대외 항쟁사적지로 복원하자", 〈경향신문〉, 2003.

75 『영조실록』.

76 카를로 로벨리, 이중원 옮김, 『시간은 흐르지 않는다』, 쌤앤파커스, 2019.

77 최윤필, "'역사는 픽션'이라고 주장한 논쟁적 사학자", 〈한국일보〉, 2018.

78 이상엽, 『변경의 역사』, 이안북스, 2016.

참고문헌

"1875년 일본 군함 운양호, 강화도에서 무력 행사", 〈시니어오늘〉, 2018.

강준만, 『한국 근대사 산책 1 - 천주교 박해에서 갑신정변까지』, 인물과사상사, 2007.

국사편찬위원회, 『신편한국사』

국사편찬위원회, 『조선왕조실록』.

금정굴인권평화재단, 「강화지역사건종합」, 2013.

김영복, 〈조선시대 군인 생활상〉, 2017.

나만갑, 『병자록』, 1636.

동북아역사재단, 『근대한국외교문서: 제너럴셔먼호 사건·병인양요』, 2009.

박세연, 「17세기~18세기 전반 僧軍의 확대와 調發방식의 변화」, 2013.

박종인, "박종인의 땅의 歷史-'장엄하였으되 처참하게 희생된 애국자들'", 〈조선일보〉, 2019.

서동윤, 「1637년 椵島 정벌을 둘러싼 기억의 전승과 조선중화주의」, 2014.

성우제, "한국 가톨릭, 병인양요 첨병 노릇 참회", 〈시사저널〉, 1997.

신선아, 「고종대 關羽信仰의 변화」, 2014.

아손 그렙스트, 김상열 옮김, 『스웨덴 기자 아손, 100년 전 한국을 걷다』, 책과함께, 2005.

안명진, 「17세기 북벌정책의 전개와 정치적 의미에 관한 연구」, 2002.

오영교, 「朝鮮後期 鄕村支配政策 硏究」, 1992.

요시다 쇼인吉田松陰, 『유수록幽囚錄』1854.

이강근, 「조선후기 강화 지역 축성역에 대한 연구-숙종대를 중심으로」, 2013.

이덕일, "백호 윤휴", 〈한겨레21〉, 2006.

이덕일, "오직 왕권을 위해 남인, 북벌론 버렸다", 〈중앙일보〉, 2009.

이상엽, 『변경의 역사』, 이안북스, 2016.

이상훈, "조선시대 병사들은 무얼 먹고 싸웠을까?", 〈아시아경제〉, 2018.

이소라, 「박정희 정부의 민족문화사업과 국사교육」, 2013.

이지훈, 「대륙 반격을 꿈꾼 바다의 왕자 그는 어떻게 정감록과 닿아 있나」, 2008.

이형구 , "강화外城, 대외 항쟁사적지로 복원하자", 〈경향신문〉, 2003.

정병철, 「明末 遼東 沿海 일대의 海上勢力」, 2005.

정웅수, 「정성공 일가에 대한 조선 조야의 인식, 정경을 중심으로」, 2016.

"제2거창사건 강화특공대 이송", 〈경향신문〉, 1952. 1. 8.

조명곤, 「"삼번의 난" 시기의 조선 사신에게 비친 한중 관계-〈연행록〉을 중심으로」, 2013.

조재곤, 「병인양요와 한성근」, 2003.

진실화해위원회, "강화지역 민간인 희생사건", 2008.

최광승, 「박정희의 경주고도慶州古都개발사업」, 『정신문화연구』, 2012.

최윤필, "'역사는 픽션'이라고 주장한 논쟁적 사학자", 〈한국일보〉, 2018.

최은영, 「조선후기 江華 鎭撫營 개편과 首都防禦策」, 2006.

최은지, "17~19세기 강화돈대 시설 A등급 '전무'… 보수는 언제", 〈연합뉴스〉, 2017.

카를로 로벨리, 이중원 옮김, 『시간은 흐르지 않는다』, 쌤앤파커스, 2019.

한명기, 『임진왜란과 한중관계』, 역사비평사, 1999.

한종수, 「朝鮮後期 肅宗代 關王廟 致祭의 性格」, 2003.

현상규, 「세계유산의 탁월한 보편적 가치 발굴을 위한 해안경관 특성에 관한 연구 - 월곶·갑곶·오두·초지 돈대를 중심으로」, 2016

홍성구, 「朝鮮王朝實錄에 비친 17세기 내륙아시아 정세와 '寧古塔回歸說'」, 2010.

홍현성, "조선의 잡史-호랑이 가죽 원산서만 한 해 500장 거래", 〈동아일보〉, 2017.

작자 미상, 『강도몽유록』.

이상엽

다큐멘터리 사진가이자 르포르타주 작가로 활동하고 있다. 서울에서 태어났고, 대학에서 정치학을 전공했다. 1991년 〈사회평론 길〉에서 글을 쓰며 사진을 시작했다. 1996년부터 프리랜서로 활동하며 필리핀 민다나오의 무슬림 반군과 동티모르 독립 전쟁 등을 취재했다. 이를 〈한겨레21〉이나 아사히신문의 〈아에라〉 등에 게재했다. 1999년 사진 웹진 〈이미지프레스〉를 발행했고, 〈여행하는 나무〉 등의 사진 무크지를 발행했다. 『레닌이 있는 풍경』, 『파미르에서 윈난까지』, 『변경지도』 등을 썼고, 최근에는 비정규직노동과 신자유주의가 낳은 우리 사회의 풍경을 찍어 '이상한 숲 DMZ', '변경의 역사' 등을 전시했다. 〈한겨레〉, 〈시사IN〉, 〈르몽드디플로마티크〉(한국판), 〈농민신문〉 등에 칼럼을 연재하고 있다. 〈프레시안〉 기획위원, 전 진보신당 정책위 부의장, 문화예술위원장을 지냈고, 현재 한국비정규노동센터 이사로 있다.

강화 돈대
돌에 새긴 변경의 역사

초판 1쇄 인쇄 2022년 12월 5일
초판 1쇄 발행 2022년 12월 15일

지은이 이상엽

편집 박민애 정소리 이희연 **디자인** 김문비 **마케팅** 배희주 김선진
브랜딩 함유지 함근아 김희숙 고보미 박민재 박진희 정승민
저작권 박지영 형소진 이영은 김하림
제작 강신은 김동욱 임현식 **제작처** 상지사

펴낸곳 (주)교유당 **펴낸이** 신정민
출판등록 2019년 5월 24일 제406-2019-000052호

주소 10881 경기도 파주시 회동길 210
전화 031-955-8891(마케팅) 031-955-2680(편집) 031-955-8855(팩스)
전자우편 gyoyudang@munhak.com

인스타그램 @gyoyu_books 트위터 @gyoyu_books 페이스북 @gyoyubooks

ISBN 979-11-92247-61-8 03910